İsmailağa Sokağı ve Sevda Çiçeği

TİMAŞ YAYINLARI ■ 465
ROMAN DİZİSİ ■ 76

TİMAŞ
BASIM TİCARET VE SANAYİ
ANONİM ŞİRKETİ

Bu Kitabın Serüveni :

İsmailağa Sokağı adlı bu kitap,
Ahmet Ergin'in editörlüğünde
Tim Tanıtım tarafından baskıya hazırlandı.
Kitabın kapak tasarımı *Kenan Özcan*'a ait.
Baskı ve cilt takibi *Ekrem Çalış* tarafından yapıldı
Kitabın kapak baskısı *Seçil Ofset*'te, iç baskısı *Ziya Ofset*'te,
cilt işlemleri ise *Sistem Mücellithanesi*'nde gerçekleştirildi.
2. baskı olarak 1999 Şubat ayında yayımlandı.
Kitabın Uluslararası Seri Numarası (ISBN) : 975-362-397-6

Yazışma Adresi: P. K. 50 Sirkeci / İstanbul
Merkez: Ankara Cad. No: 50 34440 Cağaloğlu / İstanbul
Tel: (0.212) 513 84 15 - 16 ; 510 65 46
Fax: (0.212) 512 40 00 - 664 77 97 - 451 11 76
Internet : www.timas.com.tr
e-mail : timas@timas.com.tr

İsmailağa Sokağı
ve Sevda Çiçeği

DR. SEVİM ASIMGİL

TİMAŞ YAYINLARI
İstanbul
1999

Dr. Sevim Asımgil

Çocukluk yılları Avrupa'da geçmiş olan yazar, liseyi Bursa'da okudu. İstanbul Üniversitesi'nde yüksek öğrenimini tamamladı.

1988'de doktorluk mesleğini bırakan yazar, kendini tamamen eserlerine ve yurtiçi ve yurtdışında verdiği seri konferanslara adadı.

Muhtelif hocalardan 15 sene boyunca Arapça dersleri aldı.

Çeşitli gazete ve dergilerde makaleleri yayınlandı.

Dini İlimleri araştırmaya yönelik eserlerinin yanısıra, toplumun yozlaştırılan değer yargılarının yeniden hayata geçirilmesi yolunda çok sayıda roman da kaleme aldı.

Evli ve iki çocuk annesi olan yazar, İki lisan bilmektedir.

Yayınlanmış romanları şunlardır:

- Siyah Zambak ve Merve
- Sevda Geri Dön
- Dilârâ
- Meriç'in Kanlı Gelini
- Düğünümde Ağlama
- Diana
- Ayrılan Kalpler
- İsmailağa Sokağı ve Sevda Çiçeği

Güzel mi güzel bir yaz günüydü; ortalık aydınlık, hava sıcacık ve bir hoştu.

İlkbahar, yirmi bir haziranda çıkıp gitmişti sinsice; herkesi, ekinoks diye bir şeyin gerçekten var olup olmadığı şüpheleri içinde bırakarak, sıcakların geleceğinden şüphe ettirip flamingoları öfkeyle başka diyarlara göç ettirerek, çulha çiçeklerinin hasretiyle ormanları ağlatarak.

Diri bir güneş göstermeden,

Ağaçlarda bir gelinlik defilesi seyrettirmeden,

Arzulara, karşı konulmaz heyecanları hissettirmeden,

Sâhil boylarında gezinerek kâğıt helvası yedirtmeden,

Her gün batımını bir başka hayranlıkla izlettirmeden terketmişti İstanbul'u. Kalpler ona küskün kalmış, ilkbaharı yaşayamamanın hüznü ile girilmişti yaz mevsimine.

Havra, elini alnına dayayarak, hiçbulutsuz masmavi gökyüzünün tam oratsına oturmuş, etrafına cömertçe ümit ve neşe dağıtan güneşe baktı şen gözlerle.

Düğün davetiyelerini dağıtmaya başladığı bu günde havanın böyle güzel mi güzel olması pek sevindirmişti genç kızı.

Uzun, gür ve kıvırcık kirpiklerle çevrili iri gözleri, gökyüzü ile yarış edercesine parlıyordu mâvi mâvi.

Hayat her zamanki gibi tebessüm ediyordu ona artıları ile beraber. Hafif bir rüzgâr estikçe, arkasındaki kocaman erik ağacının dallarında kalmış, kuru küçük beyazımsı çiçekler düşüyordu saçlarının arasına, oradan da masaya. Önlerindeki tahta, sarı boyalı küçük masa pek de sevimliydi.

Ne iyi etmişti, Meltem'e bahçede oturmalarını israr etmekle.

Havra ile Meltem amca kızlarıydılar. Havra yirmidört, Meltem, yirmialtı yaşındaydı; iki yaş fark vardı aralarında ama aralarındaki az fark sadece yaştaydı.

— Ne o, dedi Havra, masanın üzerinden, elindeki davetiyeye dikkatli gözlerle bakan arkadaşına doğru sabırsızca eğilerek; sesin hiç çıkmıyor.

Meltem cevap vermedi, sâdece omuzlarını silkti hafifçe.

Havra saçlarının arasından kurtulup bu defa avucuna düşen bir çiçeği eline aldı uzun uzun ona baktı, sonra merakla:

— Davetiyeyi mi beğenmedin, düğünün yapılacağı yeri mi? diye sordu.

Meltem, davetiyeyi sırtındaki gri ev elbisesinin üst cebine koyarken, sandalyesinin arkasına dayadı sırtını:

— İkisi de değil. Benim dikkatimi çeken düğünün tarihi.

Havra arkadaşına bakakaldı. Kaşlarını çattı:

— Nesi varmış bakayım düğün tarihimizin, diye sordu şaşkınlıkla bir solukta.

— Davetiyeleri bastırmakta acele etmişsiniz; daha bir ay var düğüne. Davetiye dağıtımı erken bence hem de çok çok erken. Umarım diğerlerini daha sonra dağıtırsınız, düğününüze on gün filan kalınca.

Havra hızla ayak ayak üstüne atarken:

— Aaaa..! dedi, birden ne söyleyeceğini bilemiyerek.

Tamamiyle mantıksız konuşmuştu Meltem; davetiyelerin erken dağıtılmasının ne gibi mahzuru olabilirdi ki? Ne saçma bir fikirdi bu!

Ancak bu zaman yeterliydi düğün için elbise diktirmek isteyenlere. Rahat rahat hazırlanma fırsatı veriyorlardı herkese, hiç kimse telâşlanmayacak, koşuşturmayacaktı.

Meltem'in öyle düşünmesinde ne garip sebepler vardı kimbilir?

Havra'nın yüzündeki yaygın tebessüm silindi, gizli bir istihza sarktı dudaklarından yavaşça.

— Niçinmiş? diye sordu ciddi olmaya çabalayarak, ama beceremedi, alaylı çıktı sesi. Kalbinden kalkan bir öfke dalgası da beynine ulaşmıştı üstelik.

Dâvetiyeyi hangi arkadaşına verse "Ne kadar güzel kâğıdı var, rengi de öyle", diyecekti, bundan emindi Havra. Amca kızı ise suskun oturuyordu hâlâ.

— Dâvetiyemize bakarak neler keşfettin, diyerek yine Havra başladı konuşmaya; Meltem ne derse desin ona karşı çıkmaya hazır olarak.

— Şanlı âilesinin Kristof Kolomb'u söyle bakıyım.

Meltem, anlamıştı, Havra'nın canının sıkıldığını. Önce içinden güldü, bu gülüş yüzüne aksetti sonra.

— Kristof Kolomb, talihli bir adamdı.

Büyük bir heyecanla karşılanmıştı küçük filosu ile San Salvador adasına çıkıp, İspanya'ya geri döndüğünde.

Kendisine amirallik ve yeni toprakların kral naipliği verilmişti.

Ne kıyaslayıp duruyorsun beni onunla.

Havra sesini çıkarmadı bir müddet. Meltem ile neseb beraberlikleri vardı, ancak karşılıklı olarak duygu ve düşüncelerinin hiç bir akrabalığı yoktu, onlar yabancıydılar birbirlerine.

Sık sık kavga etmemek için ikisi de titizlikle muhafaza ederlerdi aralarındaki belli bir mesafeyi.

Şakaları ve hoş görüleri ile sürdürebiliyorlardı arkadaşlıklarını. Havra'nın babasının ismi Erdal, Meltem'in babasının ki Ertuğrul'du.

Babaları, farklı karakterde kardeşlerdi.

Gece ile gündüz, proton ile nötron, eksi elektrik, artı elektrik zıtlığı içinde bir bütündüler.

Birinin eksiğini, diğeri tamamlayarak, ağabey-kardeş, babalarının ölümünden sonra onun bıraktığı halıcı dükkânını otuz sene ortak olarak idâre etmişler, büyük kavgalar yapmadan işi yürütmüşlerdi. Annelerinin ölümünden sonra onun üzerinde olan mallar taksim edilmiş, Pendik'te sâhil boyunda olan dededen kalma ev Meltem'in babasının, Güzelyalı'daki, halı mağazası da Havra'nın babasının olmuştu.

Havra'nın babası, çok çabuk kızan, çalışkan, sinsi, komplocu bir tipti.

Meltem'in annesi halı mağazasının onun üzerinde kalmasına çok kızmış, onlarla kavga etmişti. Halim, selim, biraz tenbelce ama çok cömert olan kocasına haksızlık yapıldığı kanaatine varmıştı.

Meltem, bu olaydan iki sene sonra babası vefat ettiğinde amcası ile barışması için annesini ikna etmeye çalışmışsa da o direnmiş, ondan sonra bir daha kaynıyla tek kelime konuşmamıştı.

Son beş sene içinde kaynının belki de yüze katlanmış olan serveti karşısında daha da kinlenmişti ona. O cimri insanın kendisine ve iki kızına yaptığı cömertçe harcamaları kıskanırdı ve bunu hiç çekinmeden söylerdi.

Babalarının zenginliğinin keyfini abladan daha çok Havra çıkarırdı; en çılgın takipçisi olmuştu modanın. Nişanlandığından beri erkek modasını da yakından izlediğinden onun hakkında da söz sâhibi olmuştu ve babasının giysilerini de o seçiyordu artık.

Havra'nın nerede ise beline kadar inen sarı kıvırcık saçları, içindeki resme pek yakışmış, altın yaldızlı bir çerçeve gibi kuşatmıştı oval yüzünü. Omuzlarından düşüp göğsünü kaplamış olan saçlarından bir tutam almış, onu parmağına dolayıp bırakıyordu tekrar tekrar.

Havra diye düşündü Meltem, zengin, güzel ve genç, bense, çirkin evde kalmış bir kız. Fakir de sayılırdı, babasından miras kalan Maltepe'deki iki küçük dükkânın kirası ve bir de ondan kalan maaşla geçiniyorlardı ancak.

Havra'nın bankada hesabı da vardı, arabası da vardı. Kırmızı Wolkswagen'in anahtarı, bir lüksün simgesi olarak ışıldıyordu, masada birikmiş nar çiçekleri arasında.

Meltem'in, arabasının anahtarına baktığını görmüştü Havra, küçük bir şefkat çiçeği açıverdi kalbinde.

— Sana Kristof Kolomb derken tabii ki şaka ediyorum, dedi genç kız çok samimi ve Meltem'i sarıp sarmalayan bir ses tonuyla.

Ama büyük bir gerçek yatıyor şakamın altında.

Kristof Kolomb yaşadığı sürece doğu Hindistan'a ulaştığını sanmıştı; aynı fikirdeydi o zaman çevresinde bulunan insanlarda. Ölümünden sonra anlaşıldı yeni bir kıt'a keşfettiği ve "Amerika'nın kâşifi" diye yer aldı insanlık târihinde.

Gökhan ile Oğuzhan da günün birinde ellerine Üniversite diplomalarını aldıkları zaman, dostlarımız ve akrabalarımız alkışlayacaklar, mutlaka taçlandıracaklar seni.

— Ama, dedi Meltem ince siyah kaşlarını hayretle yukarı

kaldırarak, sen bizi her gördüğünde, çocukların bakımını üstlendiğim için kızarsın bana.

Havra kollarını göğsünde çaprazladı; karşısında ki ceviz ağacının en tepesine yerleşmiş, orada beceriksizce şarkı söylemeye çalışan bir serçe yavrusuna dikti gözlerini.

— Kimbilir seni kıskandığımdan dolayıdır belki de diye fısıldadı dalgın dalgın.

— Beni mi? diye âdeta bağırdı Meltem beni mi kıskandığından.

— Evet canım, yanlış duymadın; her yerde ben parlarım ama yaldız gibi, mükemmel olan sensindir, gerçek bir yıldızsındır. Sıkıldım, lütfen geçelim bu konuyu. Eski bir şarkı da ne diyor:

"Bahar pembe beyaz olur

Güzeller neş'eli olur"

— Doğru, diye Havra arkadaşının sözünü kesti, bir harika olmuşsun şu, permalı saçlarınla, sihirli değneği ile yaz mevsimini karşılayan bir peri gibisin.

— Çok teşekkürler iltifatına. Fakat bu demin ki soruma cevap değil.

Meltem, amca kızının dediğini duymamış gibi yaparak:

— Zayıflamışsın da, dedi, birkaç kilo verdin herhalde.

— Evet, üç kilo verdim. Ancak onüç kilo da versem yine kavuşamam senin şu zarif görünümüne. Öyle nârinsin ki çok çabuk kırılabilecekmişsin izlenimi uyandırıyorsun sana bakan üzerinde. Fakat seni yeni tanıyan biri, uzun bir müddet geçmeden, bu görünüşünün aldatıcı olduğunu anlar kat'i olarak, çelik gibi iradeni farkeder.

— Katır gibi inatçı desene.

Havra güldü; hatırlamıştı Meltem'in neyi ima ettiğini.

— Küçüklüğümüzde yaptığımız bir münakaşa esnasında söylemiştim sana o sözü değil mi? dedi, kahkahalar atarken minik minik.

O zamanlar orta okul talebesiydiler. Havra biraz düşündüyse de olayı anımsayamadı.

— Neydi mesele? diye sordu. Niçin kavga etmiştik? Meltem.

— Doğum günü partisine çağırmıştı bir arkadaşın seni. Benim de gelmemi istemiştin, çekiniyordun yalnız gitmeye. Kabul etmemiştim ben teklifini, yalvarmalarına rağmen. Bana çok kızmıştın, bir ay kadar da küs kalmıştık.

— Biliyor musun hafızan da kuvvetli, ne kızsın be! Sen işte tâ o zamanlar dahi severdin böyle emekli hayatı yaşamayı.

— Biraz öyle, biraz da diye cevap verdi Meltem, dirseğini masaya dayayıp gamzeli çenesini avuçlarken, ben içine kapanık bir insanım.

— Bu gidişle evde kalacaksın, kızım.

— Lisedeyken Edebiyat dersinde sınıfın birincisiyim diye öğünür dururdun bana, ama hata yaptın fiilin çekiminde, gelecek zamanı değil, di'li geçmişi kullanmalıydın, "Evde kaldın" demeliydin, dedi. Meltem söylediklerini gerçekten umursamaz bir tavırla.

— Yok canım!

— Ne yok canımı, bal gibi evde kaldım Havra. İki çocuklu, annesi bakılmaya muhtaç, güzellikten bir nasip almamış, yaşlı bir kızı kim alır.

— Herkes alır, o kız sen olunca. Karşına çıkanlara seni tanıma fırsatı verirsen tabii.

— Flört mü edeyim?

— Olabilir, gayet normal bir şey, en doğal olaylardan biri bugün.

Havra, sözlerine ara verip bir dakika kadar araştıran gözlerle baktı arkadaşının yüzüne.

— Biraz da, dedi makyaja ihtiyacın var senin. Başından aşağı doğru incecik, geniş, uzun, tül bir örtü sarkıtsan Meryem anaya benzeyeceksin, şu duru güzelliğin, masum yüz ifaden, solgun renklerinle.

— Bana flört etmemi ve makyaj yapmamı mı öneriyorsun? Ansızın Himalayaların tepesinden esip gelen bir rüzgâr soğukluğu girdi Havra'nın yüreğine; genç kız titredi derinden sebebini bilmeden.

— Ürktüm sen bunu bir soru olarak karşıma dikince, dedi. Senin flörtü beceremeyeceğin kanısında olduğum için belki de...

Aşık da olmayacaksındır eminim!

— Aşkın belirgin çizgileri yok benim kafamda Havra!

Kendimi hiçbir zaman şartlandırmadım da; aşık olmalıyım ya da olmamalıyım diye, boşver sen aşka.

— Ben boş veremem, biliyorsun deliler gibi severek evleniyorum Ömer'e olan aşkımı tam kalbimin ortasına yerleştirdim. Ömer ile iki sene flört hayatını çok yoğun yaşadık, sonra ondan bıktık, bizim için hiçbir çekiciliği kalmayınca nişanlandık. Bir senedir günlük güneşlik bir nişanlılık dönemi sürdürüyoruz ve beraberliğimizi noktalıyoruz evlilikle hayatım. Yeni makyaj malzemeleri aldım, gelin olunca kullanmak için.

— Bugüne kadar hiç makyaj yapmadın değil mi Meltem?

— Hayır, dedi genç kız ışıltılı bir gülüşle.

— Memnunsun da bundan.

— Elbette, benim tuvalet masamda yalnız tarak vardır,

bir de derimde kuruluk hissettiğim zamanlar sürmem için vazelin.

— Doğal güzel imajını korumaya mı yeminlisin?

— Doğallık benim için önemli bir değer, doğru, naturelliğimi muhafaza etmek istiyorum, yalnız güzel kelimesi biraz abartı benim hakkımda kullanıldığında.

Havra, hafif bir yumruk vurdu masaya şaka yollu.

— Çok yazık ki, dedi güzelliğinden habersiz yaşlanacaksın, kimselerin sözüne de inanmıyorsun bu hususta.

— Beni bırak kendi halime, dedi Meltem tebessüm ederek, sen kendinden konuş şimdi, gelinliğin hazırdır muhakkak.

— Evet hazır. Ömer ve kayınvalidem gelinlik işini tamamen bize bıraktılar. Biliyorsundur herhalde, pekçok ünlü modacı daha büyük kitlelere seslenebilmek için ucuz koleksiyonlar üretme yolunu seçti geçtiğimiz sene. Her yerde sıradan insanların üzerinde Ralph Lauren tişörte, Donna Karan ayakkabıya Armani Jean'e rastlamak mümkün. Orta halli insanlar biraz daha fazla para ödeyerek ünlü markaları kullanabiliyorlar. Ama benim gelinliğim tek ve özel canım. Hiper pahalı ürünlerden, etiketi "Limited Edition" yâni "sayılı koleksiyon".

Gelinliğim çok pahalı, ama kaliteli, olabildiğince özgün tasarımlardan.

Gelinliğimin arkasındaki kuyruğun uzunluğu tam bir metre.

— Kuyruklu yıldız gibi, sen de kuyruklu gelin olacaksın demik ki. Meltem alay mı ediyordu? Havra bakışlarını dikkatle amca kızına çevirdi ama bunu anlaması mümkün olmadı, çünkü Meltem yan bahçedeki çiçekleri seyrediyordu. Ucu hafif kalkık burnu, dolgun dudakları ile arkadaşının profili bir mermer üzerine yontulmuşcasına düzgün ve sâkindi.

— Kuyruklu yıldız gibi gelin sen olurdun, dedi Havra, ben kuyruklu yıldız gibi gelin olacağım.

— Tanrı aşkına sen bana bugün moral dopingi mi yapıyorsun?

— Hayır, sâdece doğruları konuşuyorum canım, açık kalpliliğim üzerimde, her zaman böyle olmam biliyorsun.

Meltem, ondan umulmayan bir kahkaha patlattı ansızın neş'eyle.

— Açık kalpli hanım söyle bakalım gelinliğini nereden ve kaça aldınız, dedi.

— Bunu seve seve söylerim canım, gerek yok açık kalpliliğe. Paris'ten aldık, anne-babam ile beraber.

Moda Fransa'da fıskiyelenir, orada yerleşir ve Fransa'dan yayılır dünyaya. Her zaman sevmişimdir Fransız modasını.

— Balayına da Fransa'da mı gidiyorsunuz?

— Hayır, Ona karar vermedik henüz.

Târihi binaları, sarayları, caddeleri, su kanalları, gondolları, otantik kafeleri ile benim tercihim; Venedik, Floransa ve Roma. Ömer çok istiyor görmek Venediği. Venediği dâima büyülü bir kent olarak düşünmüşümdür ben de. Ömer'in ve benim favorimiz Venedik, hem de fena halde Venedik. Pasaportlarımız hazır; birkaç gün içinde alınacak vizeler. Havra, iki ayağını öne doğru uzattı, ellerini pantolonunun ceplerine sokup:

— Yoksa itiraz mı edeceksin buna da diye ekledi.

— Pembe kanatlarında uçuyorsun, düşlerin, hiçbir zaman tam bir mutluluk değildir hayat Havra, dedi Meltem düşünceli olarak.

Hayat bir oyundur; yüzdeyüz kazanma şansının yanında aynı oranda kaybetme ihtimali de vardır her zaman, bu durumda nasıl güvenilir ona.

Ayaklarını kendine doğru çekip Havra yerinde dikleşti:

— Ne yâni, Ömer'in veya benim, ya da ikimizin birden âniden bir kazada ölebileceğimizi mi düşüneyim şimdi? dedi.

Havra az daha "ağabeyin ve yengen gibi" diyecekti, son saniyede zorlukla sâhip oldu diline.

Amca kızının söylemek isteyipte ağzından çıkaramadığı cümleyi anlamıştı Meltem. Haksız yere dayak yemiş bir çocuk gibi kalakaldı saf ve mahzun.

Kendini anlatamamanın çaresizliği ile kıpırdandı sandalyesinde. Hissedemez oldu kapı dibindeki hanımelinden devamlı gelen esans kokusunu, kalbi de fena halde kırılmıştı.

— Gelinlikten, balayından söz ediyorduk, dedi duyulur duyulmaz mahcub bir sesle.

Ölüm lâfı niye düştü dedi pattadak sohbetimizin üzerine.

Havra ucu iyice bilenmiş sivri bir ok gibi fırlattı bakışlarıyla kırgınlığını Meltem'e:

— Kafamdaki konforu bozmaya çalışmandan, dedi, kalbinden söylediği söze memnun olmayarak.

Allak, bullak ediyorsun beni, durduk yerde niye düşüneyim bir şanssızlık olabileceğini.

— Sen abartılı yaşamı seversin Havra ve de abartılı insanları. Konuşmalarında abartılı oluyor tabii ki. Ben temkinliyimdir; havada bir bulut görsem dışarıya çıkarken neredeyse yanıma şemsiye alacağım.

Hiçbir günümün yarınından emin değilimdir.

— Devamlı karamsarsın şu halde.

— Yooo... Denge ve dengesizlik arasında gidip gelen çizgi üzerindedir insanoğlu bence. Müjdeler de getirebilir yarınlar, yaşamdaki karşıtlıkları düşünmek onu daha çekici kılar.

— Hiç de değil.

— Sen âniden tipiye yakalanmaktan mı hoşlanıyorsun? dedi Meltem şakacı bir ses tonuyla.

— Ah! Evet, canım, bayılırım maceraya.

Aynı anda gülüştü iki genç kız, keskin virajı, birbirlerini daha fazla incitmeden ve de kavga etmeden atlatmışlardı.

Meltem ayağa kalktı neş'e ile:

— Hazır portakal suyum var, gideyim, getireyim, dedi.

Havra uzandı, kıpkırmızı oje sürülü tırnaklarını nar çiçekleri arasına soktu, küçük parmağına anahtarının halkasını geçirdi:

— Çok teşekkürler, dedi gitmeliyim ben, ikiyüzelli dâvetiye basıldı. Yüz tanesi Ömer'lerin geriye kalanları bizim. On tanesini dağıttım daha.

Meloş'a da uğrayacağım.

Meloş, Havra'nın ondan beş yaş büyük ablasıydı. Kendisinden on yaş kadar küçük biri ile evli bulunduğundan pek hoşlanırdı ona çok gençmiş gibi bir hava veren hitaplardan. Hiç sevmezdi teyze lâfını, onun bu kompleksini bilmeyen yoktu akraba çevresinde. Anneler "Meloş abla" dedirtirlerdi üç, dört yaşlarındaki çocuklarına dahi, Meloş'tan birkaç yaş hatta on yaş, küçük olanlar da Meloş derlerdi onu memnun etmek için.

Meloş veya minik çocuklardan abla diyenler, bunun karşılığını görür ondan, bol bol hediyeler alırlardı.

— Meloş'a benden selâm söylemeyi unutma lütfen, Merih'e Meral'e uğrarsan onlara da.

Meral ve Merih, dedelerinin kız kardeşinin torunlarıydı.

Kapıya giden toprak patikada yürürlerken Havra duraksadı, Meltem'e doğru döndü:

— Ne meraklıymış bizim Şanlı sülâlesi çocuklarına Me'li

isimler takmaya dedi. Meliha, Merih, Meral, Mehmet, Merve, Melisa, Mine, ismi Me ile başlayan bir sürü akrabamız var daha herkesi kuzular gibi meletiyorlar, me..., me..., me...

— Benimki de Meltem, me..., me... derken, genç kız kahkaha ile gülüyordu.

— Senin için kimseyi meletmemişler, dedi Meltem biraz sâkinleşerek.

— Haksızlık olurdu o zaman, beni boş bırakırlar mı hiç?

Hayatım benim içinde havlatıyorlar; Havra, hav..., hav..., Meltem'in yanaklarından aşağı ağlarmış gibi yaşlar iniyordu gülmekten. Bir eliyle yanaklarını silerken, Havra'nın omuzuna koydu diğer elini.

— Çok renkli bir kızsın, dedi.

— Şunu bileydin, dedi Havra neş'eyle, teğet geçerek yaşamak niyetinde değilim hayatı tatlım.

Önümdeki yollar çamurlu görünecek olursa ben çiçek serperek yürüyeceğim oralarda.

İki akraba kızı bahçe kapısının yanına varmışlardı. Havra toka yapmak için elini uzattı. Meltem, amca kızının derisi ipek gibi görünen, manikürlü parmakları pahalı yüzüklerle dolu bakımlı eline baktı önce, sonra bakışları Havra'nın üzerinde gezindi, derken onun yüzüne dikti gözlerini:

— Saçların, asmadan başına doğru sarkan dallardaki güllerle doldu, sana çok yakıştı, gelin çiçeği olarak başına kırmızı gül tak diyecektim, ama demiyorum.

— Niçin?

— Ömer Hayyam'ın şarabına renk veren gül bir tasavvuf çiçeğidir.

Havra omuzlarından birini oynattı.

— Ne demek istediğini doğrusu hiç anlamadım, dedi.

— Kısa ömürlü olup çabucak, solup dökülmesinden sebep, gül fâni dünya hayatına benzetilmiştir tasavvufta.

— Sen tasavvuf ile mi meşgul olmaya başladın, valla hiç şaşmam buna!

— Evet, ilgileniyorum, seviyorum, tasavvufu. Tasavvuf müziğini de seviyor ve dinliyorum, huzur veriyor kalbime. Ahmed Özhan'ın televizyondaki programını hiç kaçırmıyorum.

— Tam sana göre müzik canım, iyi ediyorsun dinlemekle. Akşama kanal 7'de Ahmed Özhan'ın programı var, seni tasavvuf müziğin ve kırmızı güllerin ile başbaşa bırakayım, bana by... by..., dedi Havra kapının kolunu tutup bastırırken.

— Dur bir dakika Havra sen de, yengem de, Meloş da seversiniz Yasemin'i. Yasemin koparayım size.

Meltem, duvarda bir çivide asılı duran makası eline aldı, çabucak birkaç dal koparıp bir buket yaptı, arkadaşına uzattı, son dakikada akıl edip çiçek vermenin sevinciyle.

— Buyur Havracığım, dedi.

— Yengemin çarşıdan dönüşünü bekleyemedim, kusuruma bakmasın, kendisine selâm ve sevgiler. Tekrar by... by...

— Ben de davetiyeye teşekkür ederim, hem kendi adıma hem de annemin adına. Herkese selâm by... by...

Meltem birini geçirirken oldum olası hoşlanmazdı kapı muhabbetlerinden.

Havra caddeye çıkıp arabasına binince acele olarak eliyle ona bir veda öpücüğü gönderdi, içeri girdi, kapıyı kapadı.

Daracık iki tarafı çimlerle kaplı toprak patikada yürümeye başıadı yavaş yavaş. Eve arka kapıdan girmek istediğinden o tarafa, doğru yöneldi.

Az önce Havra ile oturup konuştukları sandalyeler bomboş bir garip kalmıştı.

Sessizlik bir nabız gibi atıyor, bu evde yaşamış nice insanların anıları uçuşuyordu bahçenin her tarafında.

Babası son zamanlarında çok sıkıntılı anlar geçirmesine rağmen satmamıştı bu ecdad yâdigârı evi. "Ben, babam, dedem, dedemin babası hep bu evde doğmuşuz büyümüşüzdür. Şu ceviz ağacının dallarına kurulan salıncaklarda sallandık, şu küçük havuzda oynadık. Kederlerimi dinledi, sevinçlerime ortak oldu bu bahçe benim.

Bu bahçe o kadar benden ki, o kadar benden bir parça ki, yapamam, yaşayamam onsuz" demişti. Genç kız "Babacığım ben de senin gibi düşünüyorum bu konuda" diye geçirdi içinden.

— Günaydın Meltem!

Genç kız şaşırarak biraz da korkuyla dönüp baktı ardına. Onlarınkine bitişik evin yeni sâhibi Zehra nine idi. Anlattığına göre Zehra ninenin kocası İşçi Sigortası Hastahanesi'nden hademelikten emekli idi. Uzun yıllar Sultanahmet'te oturmuşlardı kiralık bir evde. İki oğlundan biri Avusturalya'ya gitmiş, bir İspanyol kızı ile evlenip oraya yerleşmişti. Küçük oğlu da karısından ayrıldıktan sonra Belçika'ya gitmişti. Seneler sonra, iş hayatında muvaffak olmuş anne-babasına bir hayli yüklü para göndermişti. Onlar da senelerdir kalplerinde yatan bahçeli ev hayâlini gerçekleştirmişler, ileride oğullarına iyi bir yatırım olur ümidi ile de bu eski ahşap evi satın alıp hemen taşınmışlardı. İki oğulları da her ay para gönderdiklerinden yaşlılıklarında rahat etmek için bir de yardımcı tutmuşlardı kendilerine.

Zehra nine iki evi birbirinden ayıran yıkık dökük duvara yaslanmış, etrafı seyrediyordu cin gibi gözlerle.

— Günaydın nineciğim, dedi Meltem sevecen bir sesle, ürktüğünü farkedip kırılmasını istememişti yaşlı kadının.

— Bak ne diyeceğim Meltem:

"Kar yağdı gül üşüdü
Dalda bülbül büzüştü
Bir güldün aklım aldın
O nasıl gülüştü."

Benim anne-babam, Malatya'lıdır; köyümüzün gençleri toplaşır, böyle mâniler söyleşirler, karşılıklı bayramlarda. Arada sırada oraya gittiğimizde biz de dinlerdik onları.

— Malatya'lı değilim, ama cevap verebilirim sana nineciğim, dedi genç kız:

"Çiçek açmış ağaçlar bak ne güzel
Gel bizim olsun serçelerin neş'esi
Gel seninle kırlara çıkalım gel
Neler vadetmiyor akarsuyun sesi"

Allah senden râzı olsun, ne iyi kızsın, nasıl da memnun ediyorsun insanı. Benim gibi seksenlik ihtiyarı ıskalar geçerdi, başka bir genç kız olsa.

Niye sanki yalnız dört aydır komşunuzum, sizi daha önce tanısaydım, daha önce alsaydık ya bu evi! Ama alamazdık paramız yoktu değil mi?

— Kısmet şimdiymiş, bundan sonra hep beraber olacağız nineciğim.

— Ah yavrum, acaba kaç gün?

Her an dünyaya "Allahaısmarladık" diyerek geçiyor ömrümüz bizim. Zehra ninenin kocası da 85 yaşındaydı, ağır çekim bitmiş, yaşamın hızlı çekimindeydiler ikisi de, doğru söylüyordu kadın. Gönlünden gelen teselli etme isteği ile:

— Her an hayata hepimiz veda ediyoruz nineciğim, dedi. Meltem sözlerinin mânâsından titreyerek.

Yan taraftan gürültüyle açılan bir pencere sesi geliyordu,

dönüp baktı ikisi birden.

Gökhan ağlamaklı bir şekilde pencereden kafasını Meltem'e doğru uzatmış bağırıyordu sinirle:

— Hala, annemi isteriii...m.

— Hay Allah, dedi Meltem ne oldu gene? Uyuyorlardı, ne zaman kalkmış bunlar.

Zehra nineden müsaade almayı unutarak telâşla eve doğru koştu genç kız.

Gökhan, çok arzuladığı herhangi bir şeyi eline geçiremediğinde veya çok incindiğinde âdet edinmişti böyle annesini isteyip ağlamayı. Meltem hiç dayanamazdı onun göz yaşlarına.

İyi ki bu sabah blucinini giymiş, sırtına hafif bir kazak geçirmişti uzun ve hızlı birkaç adımdan sonra giriverdi çocukların odasına.

Gökhan pencereden ayrılmış ona doğru geliyordu ağlamasını devam ettirerek.

Oğuzhan ise çalışma masasına oturmuştu, bir şeyler yazıyordu önündeki kâğıda.

Meltem eğildi, kollarını açarak küçük yeğenini sımsıkı kucakladı:

— Ne var Gökhan? diye sordu yatıştırıcı ve yardıma hazır bir ses tonuyla.

Cumartesi günleri saat onbire kadar kalırdınız yatakta, uykunu mu alamadın bir tanem?

— Hayır, Oğuzhan, alay ediyor benim yazdığım şiirle.

— Sen şiir mi yazdın?

— Evet.

— Ne zaman?

— Az önce, uykudan kalktıktan sonra.

— Nerede şiirin?

— İşte orada, Oğuzhan'ın yanındaki kâğıtta. Ayrıca benim yazdığım şiiri bozdu da.

— Ne bozması lan, düzelttim.

— İkiniz de susun bir dakika, dedi Meltem.

Gökhan'ı bırakıp, Oğuzhan'ın yanına gitti.

— Bir de ben okuyayım şu şiiri, dedi

— Al, dedi Gökhan, büyük bir adam edasıyla kâğıdı halasına uzatarak.

Meltem, kurşun kalemle çiziktirilmiş gelişi güzel yazıyı okumaya başladı yüksek sesle:

"Ne güzeldir Didim.

Havası güzeldir,

Mis gibi.

Deresi akardır,

şırıl sırıl.

Denizde vardır,

Dalgalar.

Yolları vardır"

Meltem durdu; alttaki satırda "zangır, zangır" kelimeleri çizilmiş "çakıl çakıl" yazılmıştı yanına. Düzelttim dediği bu olmalıydı Oğuzhan'ın. İki yavru susmuş, övgü bekliyorlardı teyzelerinden pür dikkat. Bugün de şiir günüydü sanki; işin kötü tarafı Gökhan'ın ki berbat bir şiirdi, şiir denirse tabii.

Vezin, kafiye gibi güzellik öğeleri olmadığı gibi cümleler bozuk, ses uyumu uyduruktu şiirinde. Ve şiir:

"Köprüleri vardır,

takır takır.

Rüzgârı eserdir,

Vuu... Vuu...

Ne güzeldir Didim"

ile bitiyordu.

Genç kız hiç bir şekilde muvaffak olunamamış şiir yazma çırpınışını alkışlayarak aldatmak istemiyordu yeğenini, ama gayretini ödülsüz bırakmakta zulüm olurdu yavruya. Her emeğin kendine has bir şerefi vardı, bunu vermek gerekirdi.

— Şiir yazma fikri harika, dedi takdir dolu bir sesle. Ardından şefkatle sordu:

— Nereden geldi aklına şiir yazmak Gökhan?

— Okulda şiir yarışması var, ona...

Bu sırada anahtarın kilitte dönerken çıkardığı ses yankılandı odada. Gökhan sözünü kesti ve:

— Babaannem, yaşasın diyerek koştu kapıya, damperli kamyonum geldi.

— Benim de tankım, ne haber lan?

Rabia hanım elindeki paketleri masaya bıraktı, bir tanesinin içinden iki oyuncağı çıkarıp uzattı çocuklara.

— Oğuzhan yavrum, dedi şu ulan lâfını bırakmanı kaç kere rica ettik senden, ısrarla devam ediyorsun söylemeye çok ayıp!

Odayı gözden geçirdi; ortalık darmadağınıktı, tüm oyuncaklar yerdeydi.

— Gece saat 02.^{00}'de yattınız, ne vakit uykunuzu aldınızda kalktınız; çıkarılmamış birşey kalmamış meydana.

Şu hale bak, kâğıt kırpıntıları ile dolmuş masa, amma da savurgansınız çocuklar.

Biri damperli kamyonu, diğeri de tankı ile coşkulu bir şekilde oynamaya başladıklarından çocuklar, aldırmadılar babaannelerinin dediğine.

Meltem mekânik bir hareketle çömelerek yerden oyuncakları topladı, divanın altındaki büyük sepete tıktı hepsini.

Rabia hanımın bakışları, kızının eğilip doğrulmaktan kıpkırmızı olmuş yüzüne ilişince, kalbi burkuldu, annesinin ve yeğenlerinin çevresinde dönüyordu Meltem'in hayatı.

Genç kız, yalnız ağabeyisinin çocuklarının bakımı, eğitim ve öğretimleri ile alakalanmıyordu. Çok sık hastalanan Rabia hanımın doktor ve ilaç meseleleriyle de uğraşmak zorunda kalıyordu.

Yavrusunun bundan sonra böyle mi geçecekti ömrü? Sürekli çalışarak ve hiç eğlenmeyerek, dâima fedâkarlık yaparak... Küçük torunu Gökhan hâlâ anlamış değildi anne-babasının bir kazada ölmüş olmasının ne mânâ ifâde ettiğini. İkisinin birden gittikleri gibi döneceğini sanıyordu günün birinde... Hiç umulmadık bir anda gelmelerini bekliyordu acınacak bir umutla... Bekliyordu, bekliyordu...

Bazen de "Halacığım anne-babamın yanına götürür müsün beni" diyordu. Gökhan öyle dediğinde, Meltem yeğeninin başını göğsüne dayayıp "Hayır, canım, bunu yapamayız, fakat ben ve babaanneniz ikinizi de çok seviyoruz, tıpkı anne-babanız gibi" diye fısıldıyordu onun kulağına.

Rabia hanımın gözleri nemlendi, ardından iki iri yuvarlak gözyaşı süzüldü yanaklarına.

Hayat bilhassa da şu son senelerde hiç gülmüyordu ona, ama torunlarını ve kızını azıcık olsun mutlu etmek istiyorsa o gülmeliydi yaşama içinden gelmese de. Ölenlerle ölünmüyordu... Karanlıklarını yoğunlaştırmamalıydı her gününe mazinin acılarını katarak... Kara talihine aykırı giderek aydınlığı aramalıydı. Herşeyi mesele yaparak arttırmamalıydı dertlerini. Ah, bir becerebilseydi bunu!

Gözlerini, yüzünü sildi parmaklarının ucuyla ağladığını farkettirmeden, arkasına döndü:

— Şey, dedi içindeki sızılara tebessüm edip onları bastırmaya çalışarak, gelirken Zehra hanımın yardımcısını gördüm bahçede, çamaşır seriyordu, farkedince elindeki başörtüyü şöyle bir havalandırarak espiri yaptı bana:

— "Bir bahçeden bir bahçeye salla yemeni", dedi. Biliyorsun bu bir şarkının başlangıç sözleridir. Ben de ona "Gül ağacı değilem, her gecene eğilem" dedim, bir güldü bir güldü o suratsız kadın.

— Haziran, bugün herkese şiir okutturuyor veya şarkı söyletiyor galiba anneciğim, dedi Meltem alnındaki terleri elinin arkası ile silerken, âni sıcak sel gibi geldi duygu taşkınlığı yaptı herkeste.

— Geçirdiğimiz sessiz kışa, inat cümbüşlü bir yaz. Çarşıyı göreceksin, her taraf curcuna; her dükkândan başka şarkı, başka türlü, başka müzik türü geliyor, yaz için, işitsel uyarı bombardımanı var duygulara.

Candan Erçetin "Yalan, ölümden başkası yalan" derken Muazzez Ersoy "Çıkalım seninle Bağdat yoluna" diyordu. Bizim manavda da Barış Manço, "Nane, limon kabuğu"nu söylüyordu.

Rabia hanımın şarkısını söyleyen olmamıştı; "Mazi kalbimde yara" idi onun şarkısı. Şarkım söylenmiş olsaydı, herhalde ağlardım diye kalbinden geçti, getirdiği meyvaları buz dolabına yerleştirirken. Buzlukta dondurmak için bir kiloda dana eti almıştı; onu filesinden çıkarırken dâvetiyeyi gördü masa üzerinde.

— Havra'nın davetiyesi mi diye seslendi, zarfa karşıdan bakarak.

Onun kocası öleli on sene olmuştu ama ondan onbeş yaş büyük ağabeysi hayattaydı henüz. İki kızından birini evlendirmişti, şimdi diğerinin de yuvasını kuruyordu, hem de Ömer gibi kendisi de âilesi de iyi bir çocukla.

Kıskançlık bir kartal gibi kalbine pençe atmış, Rabia Hanımın mazisini depreştirmişti. Hâtıraları arka arkaya yattıkları yerden ona göz kırpıyordu hain hain. "Tevbe Yarabbi, tevbe Yarabbi" dedi ancak kendinin duyabileceği bir fısıltıyla, nasıl da böyle hased ediyordu. Meltem'den bir cevap gelmemişti, buz dolabının kapısını kapatıp odanın içine bakındı; kızı odada değildi.

Tencere, bıçak, tabak tıkırtıları geliyordu mutfaktan, oraya geçmişti demek Meltem.

Rabia Hanım, zarfı eline aldı, içinden davetiyeyi çıkarırken sesini yükselterek bağırdı:

— Yavrum, çocuklara patates pişireceksen bırak da ben kızartayım.

— Anneciğim sen çarşıya gittin, yoruldun. Ben söz vermiştim Oğuzhan ile Gökhan'a sabah kahvaltılarında patates kızartmaya. Patatesleri mikro dalga fırına yerleştirdim, iş bitti, diye sesini duyurmak için Meltem'de yüksek sesle konuştu.

Sonra genç kız tabureye oturdu, başını arkasındaki duvara dayadı.

Oğuzhan ile Gökhan, ağabeysinin ve yengesinin sevgili yavruları...

Biraz aceleci, titiz, iyi kalpli ağabeysi Koray ve neş'eli moda düşkünü yengesi Betül, şimdi ikisi de yaşamıyorlardı artık.

Ağabeysi mühendis, yengesi mimardı. Yılbaşı tatilinde, üçgünlüğüne Kahire'ye giderlerken uçakları arızalanmış ve Akdeniz'e düşmüştü. Denizde yapılan kurtarma çabaları sonuçsuz kalmış, tek bir kişi dahi sağ çıkarılamamıştı mürettebat ve yolculardan. Uçağın parçalarının yayıldığı her yerde iyice tarama yapıldığı halde ağabeysinin ve yengesininki de dahil bulunamamamıştı bir kısım cesedler.

Korkunç haberi bir arkadaşından duyduğunda hemen eve koşmuştu Meltem. Annesi olayı haberleri dinlerken öğrenmiş, bağırtısını komşular duyup hemen yanına gelmişlerdi.

Meltem komşuların annesini yatırdıkları odaya girdiğinde o isterik bir şekilde ağlıyor, görmeyen gözlerle bakınıyordu çevresine. Genç kız gözyaşları arasında annesini teskin etmeye çalışmış:

— Daha 120 kişi hayatlarını kaybetti bu kazada, yapabileceğimiz hiçbir şey yok sabretmekten başka! Artık tek düşüncemiz çocuklar olmalı anneciğim, demişti.

— Çocuklar mı? Annesinin sesi şaşkınlık doluydu, çocukların varlığını unutmuştu sanki. Fakat sonra hatırlamış paniğe kapılmıştı birden ve:

— Oğuzhan! Gökhan! Aman Allahım! Çocuklar!.. Tabii ya! Yengen onları bize değil de, çocukları ile oynayıp sıkılmamaları için halasının kızı Nur'a emanet etmişti... O kadın çocukları evlerine götürüp, bırakmıştır belkide... Eyvah!.. çocuklar yalnız! diye bağırmıştı.

— Anneciğim, anneciğim, kendine gel bu kadar büyük bir vicdansızlığı hiçkimse yapmaz çıldırmadıkça, demişti Meltem.

Genç kız telefonla önce yengesinin, hala kızının evini aramış, bir cevap gelmeyince amcasının numarasını çevirmişti titreyen parmaklarıyla. Oğuzhan ve Gökhan evet amcasındaydılar. Hala kızı Nur Hanım, bir akrabalarından kazayı öğrenince büyük bir korkuya kapılmış, o şaşkınlıkla çocukların yanında bulunan birkaç parça eşyayı iki çantanın içine doldurmuş, Gökhan ve Oğuzhan'ı derhal amcasının evine götürüp bırakmıştı. Durumu anlattığında, annesi:

— Hayır, hayır olmaz, gidin alın, buraya getirin derhal... derhal demiş, kendini kaybetmişçesine tekrarlayıp durmuştu aynı cümleyi:

— Buraya getirin derhal...

Meltem, amcası ve yengesi ile aralarının daha fazla açılmaması için annesini zor idâre etmişti bir hafta kadar. Bu arada ağabeysinin ve yengesinin giysilerini fakirlere dağıtıp, dairelerini eşyaları ile kiraya vermeyi kararlaştırmışlardı. Taksi çağırarak, Meltem yağmur çiselediği bir gün gitmişti ağabeysinin Kalamış'ta olan evine. Genç kız içeriye girince sırtını kapıya dayayarak çevresine bakınmıştı kalbi çarparak. Ev müthiş sâkindi, en ufak bir tıkırtı dahi gelmemişti hiçbir odadan.

Ağabeysinin ve yengesinin hayali sessizce ortalıkta dolaşıyor gibisine gelmiş, genç kız biraz ürkmüştü.

Ağabeysinin ve yengesinin hayalinden korkma duygusunu, yenmeye çalışmış, kalın gri renk halılar üzerinde cesaretle yürüyerek yatak odalarına girmişti önce. Yengesinin tuvalet sandalyesinin arkasına gelişi güzel atılmış pembe ipek geceliğini, terliklerini de yataktan çıkıp o anda giyecekmiş gibi yerde yanyana görünce Meltem aniden gelen gözyaşlarına engel olamamış, ellerini yüzüne kapatarak ağlamıştı bir müddet hıçkırarak.

Yengesinin pudra ve parfüm kokusunu teneffüs ederek, gardroptan şifonyerden, komedinlerden karı-kocanın eşyalarını çıkarmış yatağın altında bulduğu valizlere doldurmuştu hepsini.

Ardından çocukların yatak odasına geçmiş, onların eşyalarını ve oyuncaklarını da yanına getirdiği iki büyük çantaya yerleştirmişti.

Çocuklara âit şifonyerin üstünde, giderken ağabeysinin takmayı unuttuğu saati, boş bir su bardağı ve bir âile resmi vardı, gümüş bir çerçeve içinde.

Ağabeysi Gökhan'ı, yengesi de Oğuzhan'ı kucaklamıştı gülerek, muzip bir şekilde tebessüm ediyordu çocuklarda. Şimdi ise ne ağabeyi ne yengesi gülmüyordu, mezardaydılar.

Meltem ağabeyisinin saatini almış, kendi el çantasının içine koymuştu, ileride çocuklardan biri onu hatıra olarak kullanır düşüncesiyle.

Çiçekleri severdi yengesi, her hafta muhakkak solmuş, kurumuş olanlarını atar, mevsimine göre taze aldığı gülleri, zambakları, leylakları ya da menekşeleri doldururdu oturma odasındaki vazoya.

Günlerce bakımsız kalan vazodaki kasımpatılar yitirmişti canlılıklarını sâhipleri gibi, kıvrılıp kalmışlardı masanın üzerinde.

Açık bir dergi duruyordu koltuklardan birinin kenarında, kanepenin üstünde de ağabeysinin çıkarıp attığı pijamalar bulunuyordu. Meltem, elleri titreyerek onları aldı, valizlerden birini açıp, içine koydu.

Uzun mutfak masasının ortasındaki kristal yemişlikte birkaç muz vardı çürümüş, kupkuru olmuş bir ekmek dilimi duruyordu bir kenarında da.

Ölen insanın herşeyine mi yansıyordu ölüm? Ölüm o insanların evine girip sinsice bir yerlere saklanıp, oradan kozmik ışınlar göndererek talan mı ediyordu her tarafı hâin hâin, mührünü mü vuruyordu her eşyaya?

Ağabeysinin ve yengesinin hayâli gözünün önünden silinmişti. Fakat, şimdi Koray'ı ve Betül'ü öldüren ölüm cirit atıyordu evde, sessiz, vahşi kahkahalarla, onu dinliyordu genç kız.

Meltem, gerilimden kaskatı kesilmiş olarak, içinden, bir daha o eve adım dahi atmamaya and içerken, telefon açmıştı amcasına. Dağıtılacak eşyaların hazır olduğunu söylemiş, gelip onları almasını rica etmişti ondan.

— Yengenin korkup çekindiği meseleyi sen hallettin demek yalnız olarak, biliyorum hiç kolay olmamıştır bu senin için, demişti amcası.

Genç kız amcasının sesinde büyük bir rahatlama farketmişti.

— Mecbûrî bir işti yapılması gereken diye cevap vermişti Meltem.

Amcası da eve girip eşyaları toplamaktan korkmuştu belki de. Bir zamanlar hayat dolu, neş'eli kahkahaların atıldığı, pencerelerinden dışarıya müzik sesleri ve çocuk gülüşmelerinin taştığı, şimdi ise insanın içine hiç aralıksız buz soğukluğunda ürpertiler göndererek tüylerini diken diken eden eve, genç kız son defa bakmış, kapıyı hızla kapatıp, koşar adımlarla çıkmıştı dışarıya. Şiddetlenmiş olan yağmurun altında yürümüştü bir müddet, sersem sersem, aralarına su dolmuş parke taşlarının üzerinden sekerek geçmişti.

Bir kaç sokak ileride olan amcasının evine geldiğinde bir an tereddüt etmişti zili çalmadan önce. Elbisesinin bir kısmı ıslanmıştı ve sular damlıyordu kısacık kesilmiş düz kumral saçlarının ucundan, ama birşey yapabilecek durumda değildi.

Az sonra kapı açılmış yengesinin biraz kiloluca vücûdu doldurmuştu kapının eşiğini, Meltem'i görünce huzursuz yüzü aydınlanmıştı.

İçeriden bağrışmalar ve koşuşma sesleri gelmişti. Elinden tutmuş, Meltem'i içeri çekmişti yengesi:

— Ne iyi ettin gelmekle, demişti salona doğru yürürlerken, çocuklar sıksık bize anne-babalarını soruyorlar. Yedirmek, içirmek, yatırmak yeterli olmuyor şu sıra herşeyden çok; sevgi ve ilgiye ihtiyaçları var çocukların. Meloş hasta, on gündür Havra onda kalıyor, bize bir faydası olmuyor. Şaşkına döndük Aysel ile.

Küçük yüzlü, esmer tenli, orta yaşlı, cılız br kadın olan Aysel, kurulanması için Meltem'e bir havlu uzatırken:

— Yaa... gerçek ama deli ediyorlar bizi, sinir küpü olduk demişti cahilce bir saflıkla.

Meltem bu sözlerden incinmiş, gözleri buğulanmıştı. Fakat yanaklarındaki yağmur tanelerine karışan göz yaşı damlalarını farketmemişti çocuklardan kurtulacakları için rahatlayan ne yengesi ne de Aysel.

— Ben gidip çocukları getireyim; dün onları yıkamıştım ama... çocukları bilirsiniz, diyerek yenge hanım odadan çıkıp gözden kaybolurken genç kız bir koltuğa çökmüştü yavaşça.

"Gökhan ve Oğuzhan, öksüz ve yetimler, öksüz ve yetimler..." demişti içinden mütemadiyen yüzünü ve kollarını havlu ile kurulamaya çalışırken.

— Halacığım! Gökhan ve Oğuzhan odaya dalarak kendisini Meltem'in kollarına atmıştı heyecanla. Bunu öyle çabuk yapmıştı ki genç kız yeğeninin sâdece siyah düz, kısa saçlarını görebilmişti. Oğuzhan'ın içeri girmesi daha yavaş ve resmi olmuştu. Halasına şöyle bir bakmış, kapı yakınındaki bir tabureye ilişmişti başı önünde. Ondan destek alıyormuşçasına oyuncak bir araba tekeri tutuyordu elinde sıkı sıkı.

Genz kız, hiç sesini çıkarmadan, kalbi sızlayarak süzmüştü Oğuzhan'ı baştan aşağı.

"Şimdiye kadar nerdeydin?", "Bizi sen olsun niçin aramadın?" "Hani ya beni ve Gökhan'ı seviyordun?" der gibiydi.

Hüzün dalgalar halinde arka arkaya kalbinin kumsallarına vururken, Meltem elini Gökhan'ın başının üzerine koyup, onun saçlarını şefkatle okşamış Oğuzhan'ı çağırmıştı yakınına:

— Oğuzhan sen de gel yanıma, demişti.

Yüzüne yaralı bir tebessüm yayılırken, Oğuzhan, çekinerek yerinden kalkmış, ağır adımlarla halasına yaklaşmış, başını yana çevirerek durmuştu önünde.

— Merhaba çocuklar demişti genç kız.

— Anne-babam geldi mi, evimize mi götüreceksin bizi? diye sormuştu Gökhan selâma karşılık vereceğine.

Meltem bu sorudan öylesine etkilenmişti ki, ne diyeceğini şaşırmıştı bir an. Ama odaya geri gelmiş ve soruyu duymuş olan Aysel Hanım:

— Babaannenizin evine gideceksiniz, kendi evinizi unutun artık, diyerek onun yerine cevabı vermişti kelimelerini bir tokat gibi çocuklara doğru savurarak.

Genç kız bakışlarını Aysel Hanım'ın göğsü üzerinde gezdirmişti öfkeyle; o kaburga kemiklerinin ardında kalp yerine taş mı vardı acaba? Çocuklar biraz daha bu evde kalsalardı, sinirli bir anında, anne-babalarının öldüğünü de söylerdi bu kadın çocuklara birden. Meltem, onun hiç çocuğu olmadığını, onsene evli kalıp, kocasının ölümünden sonra amcasının evine yardımcı olarak girdiğini biliyordu. Biliyordu da onun densiz sözlerinin, yersiz davranışlarının kahrını nasıl çektiklerini anlamıyordu bir türlü.

— Meltem, hazırlayayım mı çocukları?

Bu kez de odaya yengesi girmişti, genç kızın zihnindeki sorunun cevabını verircesine konuşarak.

Sinirinden yanaklarına ateş basarken Meltem:

— Siz çocukların eşyalarını zaten toplu bulunduruyorsunuzdur zannederim, demişti iğne batırır gibi bir sesle.

— Öyle, ikisinin eşyaları da kapının arkasında, Nur Hanım'ın getirdiği torbada duruyorlar, karıştırmadık bizimkilere; oradan aldık, oraya koyduk gene.

— İyi etmişsiniz, demişti Meltem dişlerini gıcırdatarak, ikisinin de öfkelendiğini anlamayacaklarının eminliği ile.

Yengesi de sâdece kaba değil anlayışsızdı da tıpkı Aysel Hanım gibi, bundan sebep geçinip gidiyorlardı yıllardır. İki kadın çocukların eşyalarını getirmek için dışarı çıkarken, Meltem koltuktan kalkıp önlerine çömelmişti yeğenlerinin. Yavruları ellerinden şefkatle tutarak:

— Gökhan, Oğuzhan, babaanneniz kremalı puding yaptı, ayrıca elmalı, portakallı kek satın aldı sizin için demişti.

— Onları yedikten sonra bizi bırakmayacaksınız değil mi hala? diye aniden sözünü kesmişti Gökhan.

Yeğeninin sorusu bir yıldırım gibi düşmüştü genç kızın gönlüne, ona büyük bir acı vererek. Boğazına sıralanan hıçkırıkların dışarı fırlamaması için öylece durmuştu bir müddet. Sonra:

— Sizi bırakmayacağız Oğuzhan ve Gökhan. Sizi asla, kat'iyyen bırakmayacağız inanın halanıza demişti.

— Şey, hala ne demekti?

— Sen Oğuzhan ile nasılsın, ben de baban ile öyle idik Gökhan. Babanızın kardeşiyim, erkek olsaydım, amca diyecektiniz bana, kız olduğum için hala diyorsunuz.

— İyi, demiş, başını sallamıştı Gökhan memnuniyetle. Bu yakınlık derecesini küçük kafasında değerlendirmiş ve pek beğenmişti. Birden sarılmış, Meltem'i yanaklarından öpmüştü coşkuyla. Halasının yüzündeki şaşkın ifadeyi görünce gülmüştü Gökhan. Pek hoşuna gitmişti halasını bu şekilde şaşırtmak. Meltem doğrulurken gülümsemiş:

— Böyle davranışlarda bulunacağınızda, önceden uyarın beni, bayılabilirim yoksa sevincimden, demişti.

Ağabeyisi bazı seyahatlerinde de onlara getirir bırakırdı çocukları. Gökhan da Oğuzhan da alışıktı babaannelerinin ve halalarının yanında birkaç gün kalmaya. Babaannelerinin evine yerleşivermişlerdi iki çocukta bir on dakika içinde.

Bahçeye inmiş, odaları gezmiş, mutfağa girip çıkmışlar, her yerde oynamaya başlamışlardı hiçbir yabancılık hissetmeden. Ancak üçüncü günün sonunda akşam üzeri, Meltem odanın ışığını yakıp, divanın üzerinde gazetesini okumaya hazırlandığı sırada Gökhan, yanına sokulmuş:

— Hala! Daha gelmedi annemler, neden? diye sormuştu.

Yeğenlerini yanına oturtarak işte o zaman açıklamıştı Meltem onlara gerçeği; anne ve babaları bundan böyle gelmeyeceklerdi.

Bütün iyi insanların gittiklerinde bir daha oradan çıkmadıkları cennet denilen bir yerde bulunuyorlardı.

Dokuz yaşında olan Oğuzhan kalbinin derinliklerinde, bu çok elem verici haberin mânâsını anlamış hiç sesini çıkarmamıştı; kanadından vurulup yere düşmüş bir kuş gibi sessiz kalmıştı, olduğu yerde bakışlarını zemine dikerek.

Gökhan sık sık seyahat ettiğinden ayrı kalmaya alışık olduğu babasının geri gelmemesine râzı gibi görünüyordu fakat annesi derhal dönmeliydi onların yanına! Gökhan'ın boyu çeşmenin kurnasına yetişmiyordu, ellerini yıkamak için kim açacaktı ona suyu. Yorganları da dolaplarının en üst gözündeydi nasıl indireceklerdi onları oradan? Pazar günleri Oğuzhan'a ve kendisine yemek pişirecek kimseleri de yoktu evde. Oğuzhan okula gitmek için sabahları kalkamazdı kendi kendine. Ve sonra Gökhan çok özlemişti annesini de babasını da; hayır, hayır onların gitmelerini istemiyordu hiçbir yere. En küçük yeğeni oturduğu yerde tepinmiş "Cennetten gelsinler hem de ikisi birden" diye bağırmıştı, küçücük yumruğunu havaya savurarak.

Oğuzhan'ı yaşından daha olgun gösteren kestane renkli gözlerindeki anlayışlı ifadede bir kıvılcım parlamıştı birden, öfkeyle. Herşey berbattı ona göre de ama kendini tutuyordu, kardeşinin şu ağlaması yok muydu şimdi, sabrını taşırmıştı.

— Anıra, anıra ağlama Gökhan demişti.

Meltem, Oğuzhan'ın daha fazla incinmesini istemediğinden ona sarılarak:

— Terbiyeli çocuklar böyle söylemez kardeşine demişti, yumuşacık bir sesle.

Oğuzhan, halasını severdi, onun nazarındaki yerini korumak isteğiyle ışık hızıyla zihninde uygun birşeyler aramıştı söylemek için:

— Ama hala kızdığı vakit annem öyle söylerdi bize, demişti.

Meltem gülmüştü; yengesi iki oğlunun bitmez tükenmez sonu gelmez kavgalarından bunaldığında Oğuzhan'ın dediği gibi:

— Hiç olmazsa anıra anıra ağlamayın, yavaş ağlayın, insan gibi, diye bağırırdı.

— Oğuzhan, ancak eşşekler anırır demişti Meltem, gereksiz zamandaki gülme isteğini tutarak.

Oğuzhan, divandan halının üzerine inmiş, ağzını alabildiğine açıp ağlamasına orada devam eden kardeşine bıkkın bir nazar fırlatarak:

— Öyleyse ulumasın, demişti.

Meltem onca acı içindeyken nasıl gülebildiğine şaşarken kahkahası utançla çarpmıştı kulak zarlarına.

— Ulumayı da köpekler yapar oğlum.

— Ama hala faydalı hayvan köpekler; avcılar kuş vurduklarında, avı onlar yakalayıp getiriyorlar, hırsızlardan köpekler koruyor evleri.

— Eşşek zararlı mı? O da yük taşıyor, ayrıca köylerde insanlar üzerine biniyor, onunla gidiyorlar birçok yerlere.

— Hırsızları en çok korkutan köpekti, Bremen mızıkacılarında.

İkisi de cevap verme özellikleri çok gelişmiş çocuklardı.

Genç kız ondan sonraki günler mümkün olduğunca çocuklarla beraber olmuş, hemen hemen istedikleri herşeyi yapmış, bol bol sevgi göstermişti onlara. Yeğenlerinin yüzlerindeki o eski mutlu ifadeyi geri getirmeye çalışmıştı olanca gücüyle.

Önceleri onları çocuklar olarak düşünmüş ve görmüşlerdi; Oğuzhan ve Gökhan, Meltem'in yeğenleri, annesinin torunlarıydı.

Ancak onbeş yirmi gün geçince Meltem çocuk büyütmenin büyük bir problem olduğunu anlamıştı; yakından ilgilenmek gerekiyordu onların günlük hayatları ile.

Annesi ne evde kalan Gökhan'ı ne de okula o sene başlamış olan Oğuzhan'ı idare edemiyordu; "büyük anneler, anneden yakın ilgilenmez" denmesinin aksine hareket ettiği halde.

Meltem'in okul dönüşündeki yardımları da yetersiz kalıyordu.

Yengesinin, ondan küçük erkek kardeşi, çocukların kanunî vasîliğini ve bakımını üstlenmeyi teklif ettiyse de Şanlı âilesinden hiç kimse taraftar olmamıştı buna. Yengesinin bu erkek kardeşi çok zengin ama nobran bir adamdı ve içkili gazino işletiyordu Ankara'da.

Meltem, annesinin koşuşturmaktan takatsız düştüğü bir gün odasında oturmuş, düşünmüş ve kesinkes üniversiteyi terk kararı almıştı. Meltem, Havra'ya telefonda üniversiteyi bıraktığını, artık gitmediğini söylediğinde:

— Akıllı işi değil bu senin yaptığın; ben rüyamda dahi göremedim tıbbiyeye girmeyi, sen, sen varya delirmişsin. Hem de ikinci senenin ortasında, diye azarlamıştı onu. Mikrodalga fırının sesiyle şaşıran Meltem, birden sıçradı yerinden. Dalmış gitmişti patateslerin kızarmasını beklerken.

Daracık mutfağa zorla yerleştirilen dört kişilik masanın beyaz, tertemiz örtüsünün üzerine tabakları yerleştirirken Meltem:

— Patatesler hazır çocuklar gelin. Anne biz de birşeyler yiyelim diye seslendi.

Oğuzhan acıkmıştı, koşarak geldi yerleşti sandalyesine nefes nefese, ardından da Gökhan.

— Bana sosta ver hala, dedi, Oğuzhan.

— Peki.

Kardeşinin tabağındaki patateslere serpilen kıpkırmızı sosu Gökhan iştahla süzdü:

— Ben de isterim hala, dedi.

— Peki.

Oğuzhan çabuk çabuk yedi üzerine sos gelen patatesleri sonra:

— Biraz daha sos koy benim tabağıma hala, dedi.

— Peki, canım.

Meltem ortada duran sos şişesini tutmuştu ki, masaya yeni oturan babaanneleri karşı çıktı buna:

— Oğuzhan yavrum, dedi sen sosunu kendin koyabilirsin pekala... Şişeyi eline alıp eğecek, tabağında kalmış olan patateslerin üzerine sostan serpeceksin, hepsi o kadar.

Gökhan kızarmış patateslerle dolu çatalını ağzına götürüyorken elini bir an havada tuttu:

— Gökhan'a zahmet olmazsa tabii, dedi gülerek.

Ana-kız birbirlerinin gözlerinin içine baktılar aralarına düşen şaşkınlığı paylaşarak; gerçekten kim demişti küçük bir çocuk, büyük bir adamdılar sanki bazan.

Seneler geçmiş, eniştesi ve ablası vefat edeli üç sene olmuştu. Gökhan 2 nci sınıfa Oğuzhan'da 3 üncü sınıfa gidiyordular ve başarılı çocuklardı.

— Akıllı çocuklar anne, dedi Meltem. Üzgün görünen annesini azıcık olsun neş'elendirmek umuduyla da gelecekleri parlak, çok zekice espri yapıyorlar anne diye ilâve etti.

— Sana kısmet değilmiş, onlar olur belki! dedi Rabia Hanım küskün bir tavırla.

— Onlar ne olur belki?

— Doktor!

—Anne, anneciğim unut onu artık, üç sene geçti üzerinden.

— Unutmam mümkün değil, beşinci sınıfta olacaktın şimdi; bana acıdığından terkettin Üniversiteyi.

İçine kızarmış patates doldurduğu tabağı Meltem eline aldı, annesinin karşısına geçip oturdu. Çatalını bir patatese batırdı:

— Yoğun bir duyarlık içinde yaşıyorsun ve hayata karşı müthiş bir sorumluluk hissediyorsun, böyle olmak çok zordur anneciğim. Kader diye birşey var ortalıkta herkesin bahsettiği, seni anlıyorum fakat,

— Milyon sene düşünsen, sen beni anlayamazsın diyerek Rabia Hanım, birden keskin bir makas attı kızının konuşmasına, dudaklarında ağlayan bir gülüşle. Benim bir anne olarak senin için hissettiklerimi sen kendin için hissedemezsin asla.

— Canım anneciğim sen başkalarına değil, fakat kendi kendine çok zarar veren bir insansın, çok fazla kuruyorsun kafanda herşeyi. Babamla beraberliğinde onun işlerine üzülürdün, ağabeyim tembel bir talebe idi, ona üzüldün bir müddet Oğuzhan'a, Gökhan'a ve bana üzülüyorsun şimdi de.

Çocuklar, kahvaltılarını bitirmiş, oturma odasına geçiyorlardı itişerek; kapıdan çıkıncaya kadar bakışları ile onları izledi Rabia Hanım. Önünde su dolu bardaktan bir yudum aldı içti, yüreğini serinletmek istercesine. Top düşmüş bir harp meydanı gibiydi kalbi, hatıraları tutuşmuştu yine alev alev... Orada tutunup kalmıştı zaman...

Okumak istemişti ortaokulu bitirdikten sonra. Ne yazık ki babası müsaade etmemişti kendi hayatının haritasını çizmeye, evlendirmişlerdi onu.

Rabia Hanım, daha gençliğinde, fazla mükemmelliyetçi, disiplinli detaylı ve hırslıydı.

Eşi, iş hayatında, kuvvetli güç dolu, üstün başarılı biri değildi, fakat çocuklarına şefkatli bir baba, samimi bir kocaydı hususi âile hayatlarında. İlk altı sene çocukları olmamış, Rabia Hanım bir doktordan, diğerine gitmişti bu müddet boyunca. Bir o kadar sene de hastalıklı büyütmüştü oğlunu. Koray'ı, Betül ile evlendirdikleri günlerde hastalanmıştı kocası. Bir sürü Röntgenler, kan tahlilleri, idrar tahlilleri, iğneler, hastahane ev arasında defalarca gidip gelmeler, kocasının ölümü ile sonuçlanmıştı. Oğlunun ve gelinin, evliliklerinde iki oğulları olmuştu bir sene ara ile. Kalbinde bir neş'e filizlenmişken kaybetmişti onları. Bir keder çöreklenmişti dâima her sevincinin yanına kuyruğunu kıvırarak; inişler ve çıkışlarla dolu geçmişti yaşantısı. Yaşadığı yoğun hayattan sonra geriye baktığında görüyordu ki yalnız kalmıştı hayatın yükünü çekmekte. Ve hiçbir şey kalıcı değildi ne acılar, ne mutluluklar...

İnsan anılarla beraber yaşamamalıydı, anılar sadece hatırlanmak için olmalıydı, zihnine bunu yerleştirmek istiyordu artık. Kalbine bir söz geçirebilse. Şöyle bir dayanağı olsa, ruhu boşlukta sallanmaktan kurtulsa rahatlayacaktı.

Rabia Hanım'ın gözleri ağlamıyordu, bakışları kupkuruydu. Fakat gözyaşları dereler gibi akıp akıp gidiyordu gönlünde. Nabız atışları tempo tutmuş onun şarkısını söylüyordu: "Mâzi kalbimde yara"

Ellerini kâğıt peçeteye sildi:

— Minibüs edebiyatı yapıyorsun bana Meltem yavrum, dedi.

Aynı anda bin pişman olurken söylediklerine.

Annesine hiç bir sır vermeyen alın kırışıklıklarına, derin derin elemle baktı Meltem.

Sonbahar rüzgârları ve kışın yağan karlarla, dalında tazeliğini yitiren, solmuş, kurumuş bir güle benzetmişti annesini geçen seneler. Elini uzattı, annesinin elinin üstüne koydu sevgiyle:

— Güneşin her doğuşuyla hayat yeniden başlıyor, batması ile bitiyor, anneciğim. İnsanın uykusu da bir küçük ölümmüş. Bir sene 365 gün, 365 gün hayatımızı yenileme imkânımız var bir sene içinde demek bu.

Uçurumun kenarında yaşayacağımıza, kötü düşüncelerimizi yuvarlayalım derin çukurlara.

Yarın bize keder mi? Saadet mi? getirecek, mümkün değil bilmemiz. Kalp kapılarımızı her iki hâlede açık bırakarak yaşadığımız günlerin içinde küçücük bir yelken açalım mutluluğa artık anneciğim.

Âdeta yerinden sıçradı annenin kafasındaki düşünceler, tabağına doğru eğik olan yüzünü, yukarı kaldırdı sür'âtle, tepesinde yağmur bulutları gezinen yüksek bir dağ eteğinde yeni açmış tâze, diri, genç bir çiçeği andıran yavrusu onu teselli ediyordu. Uzun sakallı, beyaz saçlı yaşlı bir efsane dervişi gibi, bir tutamlık olsun bir hayat yakalamak istiyordu, ince zarif endamıyla uzanarak. Annesini de güneşin doğduğu yere çağırıyordu.

Havra'nın düğün davetiyesi gerilmişti şimdi şafağın önüne. Biraz önce oturma odasında azıcık neş'elenmişken, onu bedbinliğine yuvarlayan o dâvetiye olmuştu.

Kendi iç sesini dinlemesine. Kendi şeytan sesini... Havra'yı kıskandığından dolayı Râbia Hanım yaşından utandı, ter içinde kaldı avuçları.

Bir başka ses: "Seninki kıskançlık değil gıpta" deyince rahatlayıverdi bir nefes payı içinde bir nebzecik.

Öyle ya; Havra evlensindi Ömer ile ve mutlu olsundu. Allah büyüktü; Meltem'in karşısına da iyi birini çıkarırdı inşaâllah. Rabia Hanım daha da rahatladı, rengi değişti, hafifçe bir pembelik geldi yüzüne.

— Yavrum, dedi Rabia Hanım, Sokrates gibi konuşur olmuşsun kitap okuya okuya, olgunlaşmışsın.

Meltem, boşalan bardak ve tabakları topluyordu masadan:

— Filozofların eserlerini değil, dedi, Mevlânâ Celâleddin Rûmî'nin Mesnevî'sini okuyorum fırsat buldukça anneciğim. Büyük bir câzibe var onda beni kendisine çeken,

"Acaba Rabbimiz, çektiğimiz acı ve sıkıntılarla ruhumuzu mu terbiye ediyor?" diye bir suâl çengelleniyor bazen beynime, sallanıyor bir müddet orada. Değiştik anne ikimizde.

— Ah yavrum, dedi Rabia Hanım itiraf etmenin kalbine verdiği huzurla:

— Çiğ iken pişen, sen değil benim, ham iken olgunlaşan. Az mı tamahkârdım, kendimle dahi kavgalıydım sürekli.

Senin kalbin her zaman Cennet bahçesi kadar güzel, temiz.

— Görmüş gibi konuşuyorsun cenneti anne.

— Bu halimle mi?

— Aman anne, ümitsiz olma böyle! Ne yaptık ki?

— İşte bütün mesele bu "Ne yaptık ki"de Meltem; ben birşey yapmadım yavrum. Zengin bir âilenin kızıydım, uzak yaşadım âhiret ve cezâ düşüncelerinden.

Dedikleri gibi, hayatı Allah veriyor, ne zaman alacağını da O biliyor, âilem, kocam, oğlum hepsi öbür dünyada. Öyle bir diyar ki itile kakıla gidiyor herkes, geri gelense hiç yok.

Kafamda yatan dünya hakkındaki ön yargıları bir bir yıkıyor seneler.

Candan Erçetin ne hissederek "Yalan, ölümden başkası yalan" diyor bilemem ama bir rüyâ gibi yalan, dünya hayatı gerçekten.

Meltem eğildi, annesini alnından öptü şefkatle, tüm damarları sızlayarak.

— Anneciğim, dedi dudaklarındaki şefkat, kelimelerini yeşile boyarken. Âhiret düşünceleri ile uyandık, ağabeyim ve yengemin ölümünün ardından uğradığımız büyük rûhi depresyondan.

Onları kaybedince herşeyimizi kaybettik sanmıştık ancak yaşıyoruz biz anne.

Mevlânâ'nın sözleri bir iksir ruhuma anneciğim.

Birer taze yaprak olmuştu annenin kalp bahçesinde kızının söylediği kelimelerin her biri.

Rabia Hanım, omuzlarına düşmüş olan kır ve seyrek saçlarını iki eliyle topladı, kıvırdı, yuvarlayarak tepesinde topuz yaptı, sıkıca tutturdu tokasıyla. Başını sağa sola doğru oynattı, boynu da rahatlamıştı.

— O kadar beraberiz ki Meltem, bunun sonucu olarak müthiş bir telepati oluştu aramızda biliyor musun? Birbirimizin ne düşündüğünü anlıyoruz çok kerre, aynı konulara karşı merak uyanıyor içimizde, ben de okuyayım Mesnevi'yi.

Meltem, tabakları, bardakları, çatal ve bıçakları yıkamış, hepsini yerine koymuştu, ellerini havluyla kuruladı, tekrar oturdu sandalyesine.

— Canım, anneciğim sevindim buna, dedi.

Meltem âniden, Havra'nın düğününe gelerek annesinin, amcası ile barışmasına sevinmeyi de istedi her vakit ki gibi büyük bir arzuyla. Öyle bir teklif için çok müsait bir andı galiba; umuda kımıldıyordu kalbi. Genç kız cesaretlendi:

— Havra dâ'vetiye getirdi düğün için, gidermiyiz beraber, anne diye sordu ürkek bir ifadeyle. Parmaklarını birbirine geçirip kenetledi, annesinin cevabını beklemeye başladı merakla, umudu yer değiştirmişti çünkü ümitsizlikle.

Meltem'in gözbebeklerine belirgin bir hayal kırıklığı düşmüştü sessizce.

Anne bunu gördü, her hücresine bir sancı girdi, kalb arenasında ise kıyasıya döğüşüyordu kini ve şefkati.

Kaynı, bilhassa kocası öldükten sonra ona tamamen yabancı biri ise de o babasının ağabeysiydi Meltem için. Nasıl olsa âhirette alacaklardı haklarını, davasının hallini bütün gücüyle Allah'a bıraktı. Şefkatinin zafer sevinci önce Rabia Hanım'ın yüzüne aksetti, dilindeki sükût çözülüverdi sonra:

— Gidelim yavrum, dedi, kin yükünden kurtulmanın rahatlığı ile. Neş'e iki ayrı küçük güneş gibi parladı Meltem'in gözlerinde, kendini koyverse sevincinden hıçkıra hıçkıra ağlayacak. Ama, hayır, ağlamayacaktı sevinçten de olsa, cıvıldayacaktı şu pencereden görünen erik ağacındaki kuş sürüsü gibi.

— Çocukları da yanımıza alırız, düğün proğram çok zengin, eğlenir onlarda anne.

— Doğru, televizyonda gördükleri bâzı simâları sahnede yakından görmek şaşırtacaktır onları.

Meltem'in şu anda duyduğu şaşkınlık kadar olmayacaktı herhalde onların ki. Genç kız gözlerini açmış, müşfik şualar göndererek hayretle bakıyordu annesinin huzur kaplı yüzüne. Bir anda nasıl değişmişti böyle:

Camdan giren güneş ışınları mutfağın her tarafına sokulmuş, herşeyi apaydınlık etmişti.

Bu güzel ilk yaz gününe, annesine ve biraz da hayata tebessüm etti Meltem, dudaklarını araladı, düzgün beyaz dişleri parıldadı:

— Havra dedi, sana selâm ve sevgilerini iletmemi söyledi anne. Ablasına gidip, dâ'vetiyesini göstereceği için çok kalamadı.

— Dâ'vetiyeyi masada gördüm, tarihine bakamadım, düğün ne zaman?

— 22 Temmuz'da yani bir ay sonra.

Rabia Hanım ayağa kalktı, sandalyesini yana çekti; odasına gidip elbisesini değiştirecek, daha rahat bir şey giyecekti. Odadan çıkmak için adımını atmıştı ki, geri dönüp sandalyenin üzerine bıraktı zayıf vücudunu.

— Söylemeden edemeyeceğim dedi, daha çok zaman var düğüne.

Sıkıntı görmeyen insanlar meftundu şu dünyaya; oysa dünya dost görünüşünün içinde bir düşmandı, bir ağaçkakandı. Ağaçkakan, tırmandığı ağaç üzerinde bir süs gibi görünür ama kama biçiminde ve çok sert gagasıyla didikleyerek gövdeyi kurutur, bırakmazdı geriye ne bir çiçek ne de bir yaprak.

Gecenin evvelinde sevinçli olduğu halde yatağına uzanan insanın, seher vaktinde kapısını çalıveriyordu bir acı haber mutluluğunu tarumar ediveriyordu.

İnsan dünyanın boynuna sıkıca sarılmışken, bir belâ ile sırtından hançerleniyor, mahv u perişan oluyordu zamanın o kahhar pençesinde.

Bir sevinçten bir başkasına sıçrarken kaynının âilesinin yüreklerinde marşlar çalıyordu, ama ansızın susabilirdi bandolar.

Elini boşluğa doğru savurdu Rabia Hanım:

— Onlar için hayat vız geliyor, tırıs gidiyor şimdilik, amaaa...n, dedi ne halleri varsa görsünler!

— Anneciğim, senin gibi düşündüm ben de, dedi Meltem gayet ciddi, parmaklarını ayırmış ojesi aşınmış tırnaklarını tek tek gözden geçirirken.

— Boş ver, nemize gerek, bize danışan mı oldu sanki, yavrum, kaderini herkes kendi yaşar.

Rabia Hanım ayağa kalktı, başka hiçbir şey söylemeden odadan çıktı, kapıyı örttü yavaşça, derin bir kuyunun üstünü tahta bir kapakla kapatır gibi...

Havra, kahverengi deri çantasını omuzundan çıkardı salondaki koltuklardan birinin üstüne fırlattı, kendini de kanepenin yumuşak bej renk deri kaplı minderine bıraktı nefes nefese. Meltem'den ayrıldıktan sonra, onlara yakın oturan, ablasının bir sınıf arkadaşını hatırlamış, ona da dâ'vetiye götürünce akşamı etmiş, Caddebostan'da oturan ablasına gidememişti.

Düğününe on gün kalmıştı, merak edip duruyordu Meloş dâ'vetiyeyi, ilk işi ablasına gelmek olmuştu bu pazar günü.

— Aman Meloş, dedi Havra, bu ne yağmur? O mıymıntı ilk bahardan kurtulduğumuza sevinirken, hem de temmuz azizlik etti. Yağmur getirdi bize, şakır şakır bir yağmur. Park yeriniz dolu; 18 dâirelik sitenizden bir tek kişi de mi dışarıya çıkmadı nedir? Güç belâ yer buldum arabama. Meloş'un simsiyah kedisi kokusunu almış, Havra'nın bacaklarına sürtünüyordu nazlı nazlı; genç kız eğildi, başını okşayarak kucağına aldı, ona yalvararak bakan kediyi. Boyalı dudaklarını şişirerek:

— Aceleci, kıskanç mahluk, dedi.

Havra, gelip yanındaki boş yere oturan ablasına döndü:

— İyisin ya Meloş? diye sordu.

— Hayır değilim!

— Rengin soluk, migrenin mi tuttu yine?

Ablasının cevap vermesine fırsat vermeden, Havra kediyi halıya bıraktı, uzandı çantasını aldı, içinden dâ'vetiyeyi çıkarıp, Meloş'a uzattı:

— Şuna bir bak, geçer migrenin.

Bakışları kardeşinin elindeki dâ'vetiyeye ilişince Meloş:

— Hârika diye bir çığlık attı, Somon rengi bir dâ'vetiye çok hem de çok orjinal, bravo sana Havra.

Dâ'vetiyeyi genç kızın elinden kaparcasına aldı, içini açtı, baktı:

— Yazı karakteri de güzel dâ'vetiyede.

— Bir aydır bize uğradığın yok, annemin düğün elbisesini görürdün gelseydin, onun elbisesinin rengi de somon.

Havra bir kolu ile ablasını omuzlarından sardı kendine doğru çekti ve konuşmasına devam etti:

— Senin düğün için diktirdiğin etek ve bluzun geldi mi terziden Meloşcuğum.

— Git, bak gardrobta.

Havra yerinden sevinçle doğruldu, ablasının yatak odasına geçti. Gardrobun iki kapağını birden açtı, arkasından gelip yatağın üzerine oturan ablasına:

— Meloş, dedi bu ne ipek giysi bolluğu, ipek saten sabahlık, ipek keten etek, ipek pamuklu bir sürü bluz, ipek kaşmir elbise. Gardrobunda önemli bir yeri var ipeğin; bu kadarını bilmiyordum.

— Giyimimde çok kullanır oldum, çok çeşitli dokuları mevcut, bayılıyorum ipeğe.

Eskiden çok özelmiş, sâdece, bayram, düğün veya kutlama giysisiymiş, ama şimdi öyle değil, çok genişledi kullanım alanı.

— İpeği ben de seviyorum dedi Havra çizgili ipek bir bluzun biçimine bakarken, rahat bir kumaş. Kışın sıcak yazın da serin tutma özelliği varmış, güveye ve küfe karşı çok dayanıklıymış, leke de tutmuyormuş.

Fakat ben ipekli kumaşları kullanmaya alışmadım senin kadar.

— Kendini alıştır derim ipekliye, hafif yumuşak ve çok güzel bir döküm veriyor dikişte.

Meloş komedinin üzerinde duran paketten bir sigara aldı, üzerindeki mavi renk sabahlığının cebinden çıkardığı bir çakmakla yaktı ve derhal bir iki nefes çekti üst üste.

Ablası yatak odasında sigara içmezdi, Havra onun havaya savurduğu gri dumanlara hayretle baktı. Sonra eline aldığı bir kutunun kapağını kaldırdı:

— İnci kolyelerin ne kadar çok, hepsi de güzel, çok seçkin zevkin var Meloş, dedi.

— İnci kolye ipekli giysilere çok yakışıyor, ipeklilerim için aldım onları. Sen de güzel giyiniyorsun Havra.

Hoş görünüşlü, zarif, giyinmesini bilen, hareketlerinle de gözü okşayan bir kızsın.

— Yani ikimiz de moda dünyasının gözdeleriyiz. Gerçekten de öyleydiler.

Ve iki kardeş, bir müddet için değil, hayatları boyunca güzel, şık ve alımlı olmak istiyorlardı.

Dikkatleri çekmek için her zaman farklı giysileri tercih ederlerdi.

Dünyayı marka ve model çılgınlığının sardığını biliyorlardı, fakat onlar bu çılgınlığa gönülden alkış tutuyorlardı.

Havra'da da, Meloş'ta da bitmez tükenmez bir etiket sevdası vardı.

Havra, askısından çıkarmadan ablasının yakası bir hayli açık bir elbisesinin eteğini avuçladı:

— Herhalde yeni aldın bunu, dedi.

— Evet, biliyorsun bu yıl dekolte moda. Asimetrik kesimler, incecik askılar bizim gibiler için çok çarpıcı. Maksi eteklerin yanlarındaki yırtmaçlar da pek hoş.

Uzun bir yırtmaç koydurdum düğünde giyeceğim eteğin arkasına.

— Meloş, daha bulamadım, düğün kıyafetlerini, nerede?

— Gardrobun sol tarafında, giysilerin en sonundaki siyahlar.

Havra, eteği ve blûzu eline aldı, önüne arkasına baktı, yakasını kollarını tuttu, kumaşını inceledi:

— Böyle pek anlaşılmıyor bir giy şunları Meloş, dedi.

Meloş ikinci bir sigara yakmaya hazırlanıyordu:

— Giymek mi, dedi sırtıma geçirmek değil, bakacak durumda değilim şimdi onlara.

— Niçin?

— Kötü bir günümdeyim Havra.

Genç kız elindeki eteği ve bluzu yerine koyup gardrobun kapağını kapadı, geldi, yatağın ucuna ilişti:

— Gerçekten neyin var senin Meloş, dedi endişeyle.

Yatak odanda hiç içmezken ikinci sigaranı yaktın.

— Soğukluk girdi enişten ile aramıza.

— Ne soğukluğu?

Meloş hızla yatağa sırt üstü uzanıp, ellerini ensesinin altında kenetledi, kardeşinin yüzüne dikti sinirli bakışlarını.

— Amma da soruyorsun, dedi, ne soğukluğu olacak bel soğukluğu.

— Alay etmeyi bırak şimdi, görüyorsun ki çatlıyorum meraktan.

— Enişten ile aramız açıldı, eski bağlılığımız yok artık birbirimize ve ben inanamıyorum buna.

Buna Havra da inanamazdı.

Eniştesi Emre, Çelikbank, Pendik şûbesinde müdürdü. Ablası ise Edebiyat fakültesini bitirmişti fakat hiçbir yerde çalışmamıştı.

İkisi bir çayda tanışmışlar, birbirlerini beğenmişler, bir müddet sonra evlenmişlerdi. Mutlu bir evlilik sürdürüyorlardı dört senedir, en azından Havra öyle biliyordu.

— Karı-koca arasında tatsızlıklar olur diyor herkes Meloş.

— Bu tatsızlık dediğin yaşam biçimimiz oldu, Emre'nin ve benim! Hepimiz biliriz hayatın dönüm noktaları vardır, ilk zorlu dönemi Emre açmıştır bana.

— Uzun birlikteliklerde karşılıklı özveri şart mutlaka Meloş, na'parsın! Alışacaksın özverili olmaya. Sorun ne peki?

— Kapatalım bu konuyu.

— Ama unutma ki sorunları erteledikçe, daha zorlaşır çözüm bulmak. Önemli birşey geçmeden durduk yerde mi açıldı aranız?

— Şey... Pek öyle sayılmaz, yanında çalışan kadınları kıskanıyorum, o da sinirleniyor buna.

— Hayret bi şeysin Meloş. Seninle evlenmeden önce de kadınlarla çalışıyordu o; pes doğrusu kıskançlığın böylesine.

— Sen işin mantığındasın.

— Tabiî birşey değil mi bu?

— Değil canım, bankaya çalışmak için yeni gelen kız çok

hoş, sarı saçlı, kahverengi gözlü, endamlı, onunla nasıl ilgilenmiyebilirim ki, nasıl tarafsız kalabilirim ki bu konuda. İsmi de Arzu.

— Bu gibi olaylardan bu derece etkilenmemelisin, profesyonelce davranmayı öğren evliliğinde Meloş. Daha nice kadınlar girip çıkacak bankaya.

— Hayır, diyerek Meloş yattığı yerden kalkıp, oturdu, kapayamam gözlerimi korktuğum gerçeklere. Centilmence hareket etmeye çalışırken Emre yanlış sinyaller veriyor, herkesi memnun etmek isterken yanlış tanınmasına sebep oluyor kadınlar tarafından.

Ablası, o kızın bankaya çalışmaya gireli bir sene olduğunu, onu daha ilk gördüğünde nasıl kıskandığını, kocasının buna çok sinirlendiğini, uzun süre durumlarını sakladı ise de artık dayanamayacağını anlatırken genç kız nişanlısının sözlerini düşündü; "Çevremdeki âile hayatlarından benim edindiğim izlenim şu; karşılıklı anlayışın olmadığı evliliğin sürdürülme şansı hiç yok" derdi. Fakat böyle birşey olmayacaktı onların evliliğinde, Havra ne kadar toleranslı biri olduğunu gösterecekti Emre'ye.

Parmaklarını saçlarının arasından geçirdi:

— Bıkmıştır sebepsiz yere şüphelenmelerinden, bir sınırı vardır eniştemin sabrının Meloş.

— Benimkinin de!

Elimde valizimle baba evimin kapısını çalabilirim bir gün!

— Meloş! Tamamen aklını kaçırmış olmalısın, böyle şeyler düşünmek için.

Senin şanssızlığın duygusallığında, gerçekçi ol lütfen!

— Ya o saçları sarı boyalı kız bankadan çıkıp gidecek ya da ben evi terkedeceğim Havra, enişten tercih etmek mecburiyetinde, ikimizden birini. İhanetin çağdaş hikâyesini dinlemeye tahammülüm yok benim.

Çiyan gözlerine dönüşmüştü ablasının yeşil bakışları ve öfkesinden bir çizgi halinde görünüyordu ince dudakları.

— Bir cazgır olmuşsun sen Meloş! dedi genç kız. Eniştemi suçlu çıkaracak hiçbir delilin yok, o ma'sum.

— Kalbi ma'sum değil.

Ne ile meşgul olduğunu öğrenmek için sık sık arıyorum, öyle bir asabı bozuluyor ki, dişlerinin incecik gıcırtısını duyabiliyorum telefonda.

Ablasının mantıksız hareketini hafsalasına sığdırmaya çalışırken, Havra'nın kalp kıvrımları arasından sıçrayan bir öfke kıvılcımı diline ulaştı birden.

— Meloş, diye adeta bağırdı, askerî manevralar gibi kontrol edemezsin eniştemi ikide bir, sürdüremezsin böyle bir şeyi hayatın boyunca. Sınıflara girip talebeleri teftiş eden bir müfettiş edasıyla sık sık gidemezsin bankaya.

Havra kalktı, huzursuz adımlarla pencereye doğru yürüdü, dışarıya baktı; incecik tül perdelerin arasından... Yağmur kesilmemişti, küçücük gümüş bilyeler gibi düşüyordu camların üzerine su şarkıları söyleyerek.

Boş, mânâsız, gereksiz, yersiz, saçma, budalaca... her neyse ama şu saplantıdan kurtarması lâzımdı kardeşini.

Nereden de çıkmıştı Meloş'un bu problemi düğününe yakın şimdi. Meloş'un evlenmeden önce de aradaki yaş farkını düşünüp üzüldüğü geldi hatırına. Havra, kardeşinin durumunun nedenini anlamaya başlıyordu, kendini dinliyordu Meloş. Boş vakti çoktu çünkü, her gün üç saatliğine gelen bir genç kadın onun evinin tüm işlerini görüyordu. Evliliğinin daha ileri günlerinde sıkıntıları katlanarak büyüyebilir, çok daha ciddi sonuçlara sebep olabilirdi. Evliliğinin günlük monotonluğundan kurtulmalı, meşgul olmalıydı birşeylerle. Yağmuru daha güzel seyredebilmek için tül perdeyi yana çekerken aklından geçeni lisanına getirdi:

— Bir evlâtlık edin... yok, hayır evlâtlık olmaz yapamazsın onunla, en iyisi bir çocuk doğur.

Perde yana çekilince, oda loşluğu sür'âtle yutmuş, yenik düşmüştü aydınlığa. Havra şimdi, tam da karşısından baktığı için daha iyi görebiliyordu ablasını. Kulak memesi hizasındaki kahverengi saçları çok darmadağınık, göz kapakları şiş ve kıpkırmızı, gözleri gözyaşı kalmayıncaya kadar ağlamış gibi kupkuru idi bir acâip. Neş'eli görünme gayretini yüzünden çıkarıp atmış, çirkinlik sırıtıyordu, göz kenarlarında belirmiş olan kırışıklarında, dudaklarının kıvrımlarında, geniş çıkık alnında.

— Vücut ölçülerimin değişmemesi için evlendiğimde evlatlık alacağımı söylerdim onu hatırladın değil mi Havra? Ama o çok aptalca birşeydi, dedi, genç kadın alnını ovuşturarak.

— Şimdiki de aptalca, diye patladı Havra.

Daha evliliğinin ilk iki senesinde çocuk isteseydin şimdik iki, ya da bir yaşında bir çocuk dolaşacaktı ortalarda, gözleri seninki gibi yeşil, saçları da babasının ki gibi kumral olurdu belki.

Ben Ömer ile evlenince hemen doğuracağım, kız mı olur, erkek mi olur, onu Allah bilir.

— Senden önce koca bir karın yürüyecek önünde beş-altı aylık yeni gelinken, hiç düşündün mü bunu Havroş?

— Levent Kırca, ne diyor, "Olacak O Kadar"

Meloş yataktan aşağı ayaklarını sarkıttı, mavi ponponlu terlikleri geçirdi ayağına yavaşça.

— Sen içeriye geç Havra, dedi ben nes-cafe yapıp getireyim. Meloş elinde, pırıl pırıl parlayan sarı madeni bir tepsiyle salona geldiğinde iyi görünüyordu, isterik kadın havası gitmişti.

Saçlarını taramış, geniş alnını kapatmıştı kaküllerle, dudakları ve etsiz yanakları da pembecikti, boyamıştı onları, çok çekici olmuştu kırmızı eşofmanının içinde.

Havra, kardeşinin sakinleşmiş yüzünü inceledi nes-cafesinden yudumlarken; henüz çocuk doğurmamakta hala ısrarlı mıydı acaba?

Fincanını bırakmak için sehpaya uzanırken Meloş ile göz göze geldiler. Gözlerini ondan kaçırarak Havra, yan duvardaki bir yağlı boya tabloya hapsetti bakışlarını, güzel bir manzaraydı, bir dağ evini gösteriyordu çamlar arasında.

— Merak mı ediyorsun? dedi hafif alayımsı bir sesle Meloş.

— Neyi? dedi Havra, başını sür'atle ablasına doğru çevirirken.

— Çocuk doğurup doğurmayacağımı.

— Meloş! Hınzırlığın üstünde bugün; tabiî öğrenmek isterim bunu, bir düşün bir tek yeğenim yok biricik kızkardeşimden. Genç kadın fincanını tepsiye bıraktı, kollarını yana açtı, ileri geri oynattı tembel tembel.

— Galiba haklısın, dedi Meloş jiklet çiğner gibi, kasten.

— Her zaman sen haklı olamazsın Meloşcuğum şunu bileydin, dedi Havra, neş'elenmişti arka arkaya yudumlayarak nes-cafesini bitirdi, gürültü çıkartarak koydu fincanını tepsiye:

— Süpermanden de çok süratli karar verdin Meloş, dedi. Çabuk karar verebilhme kabiliyetine icad edici düşüncelere sahipsindir sen canım.

— Teşekkürler, iyi ettim sana açılmakla, abartılı olsa da her zaman rahatlatırsın beni iç açıcı sözlerinle. Sevecen olman senin avantajlı tarafın hayatta.

— İnsanı haart diye ısırıverdiğim de olur, saldırganlığımda vardır unutma Meloş, dedi genç kız, Meltem ile arasında geçen konuşmayı hatırladığından kahkaha ile gülüyordu.

— Hepimizde var saldırganlık, anne-babam da, sen de, ben de, bir kere parladık mı arkası yangın, diye cevap verdi genç kadın kardeşinin gülmesini mânâsız bularak içinden. Bakıyorum diye devam etti, İstanbul'un kurumunu, tozunu, kimyasal dumanlarını, teneffüs etmek, ardı arkası kesilmeyen araba seslerini, sokak satıcılarının böğürtülerini dinlemek, hayat şartlarının zorluğu çok stresli yapmış insanları, çok çabuk sinirleniyor herkes. Yüzü aydınlık ve gülmesini bilen bir insandır Emre, fakat ona şüphelerimden azıcık bahsetsem, son birkaç aydır, çat diye kapıyı hızla vuruyor, çıkıp gidiyor arkasına bakmadan, o da asabî biri oldu.

Ben nasıl mutsuz olmayayım Havra bugün pazar, tatil, eniştem saat onda çıktı sokağa basketbol oynamaya gitti erkenden. Yağmur yağarken hiç basketbol oynanır mı? Saçlarından çamurlar damlayarak gelir akşama doğru.

Havra gıpta etti içinden eniştesine; tam bir takım oyuncu bulunsa o da usanmadan saatlerce voleybol oynardı, yağmur yağsın veya yağmasın.

Kimbilir böyle sıcak bir yaz gününde yağmur altında spor daha zevkli olurdu belki de; belki değil öyleydi muhakkak.

— Meloş, dedi genç kız, ne var kızacak bunda, beş dakika içinde bir duş alır, temizlenir.

Bir şey diyeyim mi çocuğunuz olduğunda öğlende dahi evden çıkamaz; bebek beraberinde bir sürü problemler de getirecektir, ikiniz halledeceksiniz onları.

Meloş ayak ayak üstüne attı, ellerini kenetledi dizlerinin üzerinde:

— Ben anne olacağım, Emre de baba, dedi o muhakkak sevinecek buna, fakat ya olmazsa çocuğumuz?

— Şimdi de lütfen bu fikri çivileme kafana, olacağını düşün, sağlıklı insanlarsınız ikinizde, olasılığınız fazla.

Her 24 saatte ölümün pençesine takılmış bir kervan yürüyordu öbür âleme, binlerce ceset taşıyarak... Aynı 24 saat içinde hayat kervanına takılmış binlerce çocuk geliyordu dünyaya, minicik, sevimli, elleri yumuk, derileri pembecik masum mu masum. Meloş'un da bir yavrusu olurdu inşaallah. Genç kız ablasının çocuğunu sâdece bir teyze olarak değil bir anne gibi seveceğini hissetti garip bir şekilde, soğuk bir ürperti dolaştı vücudunda bu duygusuna şaşarken.

— Aklında hep çocuğunla birleşen hayaller olsun Meloş, o saçları sarı boyalı kızı düşüneceğine. Hayatını altüst etmesine izin mi vereceksin beynine hücum eden o deli saçması düşüncelerin? Elbetteki hayır.

— Sanırım, öyle yapmalıyım. Arada hatırıma gelmiyor değildi bir çocuk doğurmak, ama harabeye dönmüştü aklım da, umutlarım da. Yoğun kuruntu kasırgası altında, hatta sosyal yaşatım alt-üst oldu.

Sitem etmelerine rağmen, kayınvalideme, kayınpederime gitmiyorum aylardır, üç görümcem de onlara olan davranışlarımdan dolayı bana kırgın. Samimi iki arkadaşımla konuşurken sözlerini bitirmeden kapatmışım telefonu, dargınlar bana şimdi. Hiçbir şey yapmak gelmiyor içimden onlara karşı, özür dilemekte. Koptu sayılır bağlarım, hepsiyle; herkesle.

Havra, bir budala gibi dinlemişti ablasını, bir aydır baba evine gelmeyişinin sebebi bir tesadüf değildi demek.

— Sanki la'netlenmiş gibi olmuşsun Meloş, bütün iyi dostlarını düşmana çevirmişsin neredeyse aptallığından, dedi Havra ablasına müthiş acıyarak.

Kardeşinin sesi zehir gibi aktı genç kadının kalbine, can evini yaktı. Düğün dâ'vetiyesini getirdiği bir günde, Havra'ya bütün bunları anlatmaya ne gerek vardı acaba? Genç kadın pişman olmuştu, gün mü yoktu başka sanki.

Öfkesi yatışmışken kuyruğunun ucuna basılmış bir yılan gibi baş kaldırdı kini içinde akabinde.

— Sarı çakal diye mırıldandı çok hafif bir sesle.

— Kim Meloş?

— Kim olacak Arzu!

Genç kadın, hayvanları severdi, onlar hakkında nerede bir yazı görse okurdu. Çakal, gündüzleri gizlenen geceleri ortaya çıkan bin hayvandı. Çok uzaktan koku alıyordu, kurda benzeyenine sarı çakal deniyordu. Gecenin karanlıkları içinde yakalıyordu avını habersizce, ansızın. Beraber bulundukları bir nişanda Arzu'nun kimseye farkettirmeden Emre'ye nasıl hayranlıkla baktığını görmüştü; o bir kadındı, çok iyi anlamıştı genç kızın bakışlarının ne mânâ ifâde ettiğini. Ondan dolayı Arzu'ya sarı çakal demişti.

Önemli bir ayrıntıyı saklamıştı Havra'dan; sadece basketbol oynamaya gitmek değildi sabah ki mesele. Genç kadın kahvaltıdan sonra açık konuşmuş, daha fazla katlanamayacağını söylemişti durumuna. Emre de onun suçlamalarından ve şikâyetlerinden bıktığını, artık tahammülünün hiç kalmadığını, evden çekip gideceğini haykırmıştı öfkeden kıpkırmızı olmuş bir yüzle. Ayrılık sözünü duyunca çok kötü olmuştu genç kadın:

— Blöf yapıyorsun bana sâdece, diye bağırmıştı. Senin zannettiğin gibi aptalın biri değilim bunu anlamayacak kadar.

— Beni iyi dinlemeni istiyorum son defa; değişmelisin Meliha, eşyamı alıp evden çıktım mı bir daha bakmam geriye asla, demişti kocası.

Emre'nin ardından genç kadın, ona olan sevgisinin ne derece derin olduğunu anlamanın ve daha önce bundan habersiz bulunmasının şaşkınlığını yaşamış ve ağlamıştı Havra gelene kadar. Evet değişecekti, meydanı boş bırakmayacak, kurda sevdiği puslu havayı hazırlamayacaktı.

Yağmur dinmişti, bulutlar nefis dans gösterileri yaparak ayrılıyorlardı İstanbul'un üzerinden. Bembeyaz bulutlar tangonun ritmik hareketleriyle çekildikçe gökyüzü meydana çıkıyordu, yeni dokumadan çıkmış bir atlas güzelliği ile. Şölen vardı gökyüzünde bakanı hayran eden, muazzam bir şölen, milyonlarca insanın seyredebileceği büyük bir şölen...

Sıkıntıdan daralan her insan semaya bakar ferahlanırdı, kalbini gökyüzünün uçsuz bucaksız maviliğine açarak. Genç kadın da öyle yaptı; yüzünü yana döndürdü, bakışlarını tül perdenin aralık kalmış kısmından gökyüzüne dikti. Ancak yağmurdan sonra hâsıl olabilen, saf, tertemiz, parlak maviliğe baktı.

Kolunu kanapenin arkasına dayamış olarak Havra'da aynı manzarayı seyrediyordu sessizce.

Sükûtu soludu iki kardeş bir müddet, yalnız kaldılar kendi duygu ve düşünceleriyle yan yana otururken.

Havra'nın hatırına bir başka sözü geldi Ömer'in, ablasının da duymasını istedi onları:

— İsa peygamber, bakması ibret, susması tefekkür, konuşması zikir olan benim gibidir, demiş Meloş. Gökyüzündeki güzellik derin düşüncelere sürükledi bizi.

Derin düşünmek, dikkatli düşünmek, gerçeği düşünmek, Cennet yolunun deliliymiş. Böyle bir düşünce ile, Allah'a karşı korku ziyâdeleşirmiş, nasıl ki ibret ile ilim, zikir ile de Allah'a karşı sevgi artarsa.

— Bir kitaptan mı okuyup ezberledin bunları diyeceğim ama, dedi Meloş sen dini eserler okumazsın.

Ablasını bir lahza olsun Arzu'yu düşünmekten alıkoymak onu böyle kendisine şaşkınca baktırmak hoşuna gitmişti genç kızın:

— Kalplerimize düşünmeyi öğretmeliyiz, gözlerimize günâhlarımızdan ötürü ağlamayı ve Yüce Allah'tan gereği gibi utanmasını bilmeliyiz, dedi konferans verircesine.

Dünyaya, yaşayacağın kadar hazırlan âhirete de orada kalacağın kadar, Meloş diye ilâve etti Havra bir profesör edasıyla.

— Havra, dedi abla, eğleniyor musun benimle? Bir hocaya filan mı gidiyorsun yoksa?

— Hayır, Meloşcuğum, Ömer'den öğrendim bütün bunları.

— Bizim Ömer'den mi?

— Herhalde canım, her önüme gelen Ömer ile konuşacak halim yok. Şu son birkaç aydır Ömer'de bazı değişiklikler oldu; gece geç saatlere kadar dini eserler okuyor. Benim sana yaptığımı bir gece de Ömer bana yaptı. Saat on iki filandı beni telefonla aradığında. Sesimi duyunca daha:

"İnsanoğlu dünyaya meyledicidir onu sever, ahiretten ise kaçar hatırlamak dahi istemez onu.

Ama doğru düşünmek ile kalbin hali değişir, kişi âhireti seçmenin daha evla olduğunu anlar.

Dünya ile âhiret arasında ölüm vardır, âhiret uykudan uyanıklıktır. İnsanoğlu dünyada karmakarışık rü'yalar içerisindedir.

Azrâil aleyhisselâm bir insanın ruhunu almaya geldiğinde, ne uzun müddetten beri tam bir sıhhat içinde bulunması, ne yüzlerce sene ona yetecek kadar olan serveti ve ne de âile ferdlerinin çokluğu ölümü uzaklaştıramayacaktır kişiden. Ve o ölüm saati, üzüntü ve sıkıntıdır, pişmanlıktır, daha önce yapılan kusurlar için nokta," dedi. Sonra da:

— Sana şu anda elimdeki kitaptan bir bölüm okudum beğendin mi? diye sordu bana.

Koltuğun üzerindeki bir küçük yastığı alıp arkasına yerleştirirken abla:

— Ama Havroş, dedi nasıl hafızanda tuttun bütün bu cümleleri.

— Daha sonra okumam için bana getirdi verdi o kitabı Ömer.

— Ve sen okudun?

— Okudum Meloş.

İbni Muti isminde bir zât, bir ev yaptırdığında güzelliğine hayran olmuş, ardından sesle ağlamaya başlamış ve demiş ki: "Allah'a yemin ederim ki eğer ölüm olmasaldı, ey ev senden dolayı sevinçli olacaktım.

Eğer varacağım kabirlerin karanlığı ve darlığı olmasaydı, dünyâ ile gözlerim aydınlanacaktı."

Ertesi gün, herbir köşesi dekorasyon dergilerine resim olacak güzellikteki gelin evimize gittiğimde bu sözleri hatırlayarak öyle bir korktum ki; hemen Eminönü çarşılarına gidip süslü kocaman bir nal aldım, geri dönüp, kapının üstüne astım, nazar değmesin diye, bana ve Ömer'e.

— İyi etmişsin aferin, dedi Meloş gayet dalgın.

O, Ömer'i düşünüyordu o anda. Ömer'in dedelerinden birinin büyük bir İslâm âlimi olduğunu duymuştu birgün annesinden, hatta onun ismini vermişlerdi Ömer'e.

Ömer'in babası Aydın Zobu devlet tiyatrosu san'atçılarındandı ve ünlüydü. Annesi, Hülya Zobu, balerindi, kendinden küçük iki erkek kardeşi baletti ve çok yönlü san'atkâr çocuklardı, televizyon için program hazırlıyorlardı sık sık.

Bir İslâm halifesinin adını taşıyan Ömer İktisat fakültesinden mezundu. Arkadaş toplantılarında gayet güzel gitar çalıyor, golf oynamaya bayılıyor, Elvis Presley'i, Tarkan'ı, Yeşim Salkım'ı dinliyordu. Hiçbir yüzme yarışını kaçırmıyordu, cam dolabında iki tane kupası vardı birincilikten kazandığı.

Disiplinli, çalışkan, koşup koşup yorulmayan Ömer, işlerinde pimpirikli olmasıyla tanınırdı herkes tarafından.

Din hususlarında da titzlenmeye kalkarsa, kimse ona söz geçiremez, kâbusa dönerdi hayatı kardeşinin.

— Havroş, dedi endişeyle, Ömer, hızlı konuşur, hızlı yürür, hızlı düşünür, din işlerine de hızlı bir giriş yapıp bir hacıağa olmaya kalkmasın! Mahvolduğunun tekidir.

— Meloş! Meloş! Benim adıma da başladın çılgın hayaller üretmeye!

— Kızım, dine dalıp aklını kaçıranlar çok, duymadın mı hiç?

— Duymadım, kim meselâ bir isim ver.

— Bırak şimdi inadı, ıspat isteme, böyle giderse ben pek iyi görmüyorum sonunuzu.

Havra sol elinde taşıdığı kıymetli nişan yüzüğünü sağ elinin baş ve işaret parmakları arasına sıkıştırarak oynattı sağa sola doğru gülerek:

— Ben ne edebilirim ki Meloş dedi kendisi içinden hiçbir şey yapma gereği duymadan; ablası saçmalıyordu, hem de tamamen.

— Dînî kitapları okutma ona, kaçırır diyorum sana!

— Meloş iyisin birşeyin yok ya!

Umberto Eco, Gabriel Garcia Marquez, Kazancakis'i okurken birşey dememiştim, şimdi İmâm-ı Gazâli'nin kitaplarını okurken "onları okuma delirirsin" mi? diyeyim. Kur'ân dersi de alıyor ne zamandır, ama sakın endişelere kapılma birşeyi yok korkacak, kaçırmadı.

— Niçin alıyormuş Kur'ân dersi?

— Kur'ân bizim kitabımız ya okumasını öğreniyor çocuk, Allah, Allah! Yahudi Tevratını hristiyan İncilini, Müslüman da Kur'ânını, okuyacak Meloş. Kur'ânsız müslüman olur mu hiç, zannetmiyorum.

Meloş, dilinin tümünü gösteren kahkahaları ardarda sıraladı önce, sonra eli ile Havra ve kendisini gösteren işaretler yaptı, teşebbüs ediyor, fakat konuşamıyordu gülmesinden.

— No'luyorsun Meloş?

— Biz... biz, Havra, o dediğin müslümanlardanız, genç kadın hala gülüyordu durup durup.

Annemiz, babamız, Emre, kayınvalidem, kayınpederim, görümcelerim hepsi Kur'ânsız müslüman, niceleri de var daha. Henüz ben elim ile bir Kur'ân tutmadım dedi Havra kendini ablasının alaylı bakışlarına teslim ederek, gülme isteği hiç gelmemişti, onun içinden.

— Ben de, diye cevap verdi Meloş, dudağından son bir kahkaha savrulup havada kaybolurken. Câmi önlerinde kurulan kitap tezgâhlarında görmüşümdür sâdece.

— Kur'ân'da, insanı zemmedilmiş bütün sıfatlardan alıkoyucu feyiz, korku, ümid, şükür, muhabbet ve başka halleri gerektiren ruh varmış Meloş. Hocası Ömer'e öyle diyormuş Hanry Link: "Dine bağlı her insan, dine bağlı olmayanlara nazaran çok daha iyi ve kuvvetli bir kişiliğe sâhiptir" diyor, ben kendim okudum bunu bir yerde, fakat şimdi hatırlamıyorum, nerede okuduğumu.

Ömer için endişeleneceğimiz bir şey yok ortada, hayatım aklına birşeycik olmaz yâni.

— Benim sözlerimi önemsemiyorsun ama, bir gün gelir, "Haklıymışsın Meloş" diyebilirsin, dikkat et gene de sen her ihtimale karşı. Kimmiş Ömer'in hocası?

— Bahadır Hoca'ymış, Çarşamba'da İsmailağa sokağında oturuyormuş. Ömer ile askerlik esnasında tanışmışlar.

— Bize çok uzak bir yerde Çarşamba.

— Bazen Bahadır Hoca geliyormuş bizim tarafa. Ömer'in askerlik arkadaşı olduğuna göre 27 veya 28 yaşında, genç bir hoca. Bir keresinde "Ölümden sonraki âleme kesinlikle inanan bir kimse için dünyada istikrar edecek bir yer yoktur. Yurd olarak dünya bize göç yeri, ebediyyen kalacağımız yurdumuz ahirette" demiş, Ömer'i çok etkilemiş onun bu sözleri.

— Rica ederim, bırak artık, bu ölüm ve âhiret lâflarını, bilirsin çok korkarım ölüden ve ölümden.

— Seni anlıyorum!

— Hayır, anlamıyorsun, bir kelime dahi duymak istemiyorum ölüm hakkında.

Zırr...

— Zil çalıyor, dedi Havra çantasına uzanarak, her kimse o kapıdan içeri, ben de dışarı.

— Gidip bir bakayım, dedi abla isteksizce ayağa kalkarken, hiçkimseyi beklemiyordum, kim olabileceğini kestiremedim, dedi. Emre olamaz, hava açtı oyuna dalmıştır o yine.

Fakat, genç kadın kapıyı açtığında Emre ile karşılaştı, dediği gibi bir kaç küçük çamur parçası sıkışmıştı kocasının gür saçlarının arasına ve nedametin gözyaşları parlıyordu, küçük gri gözlerinin derinliklerinde. Genç kadının kalbi, sevinçle kutladı kocasının pişmanlığını. Rahatlattı kendini derin bir soluk alarak, kocası söylediklerine nâdim olduğundan basketbol biraz oynamış, geri dönmüştü.

— İyi ki erken geldin Emre dedi yumuşacık bir sesle kocasının geçmesi için yana çekilirken, Havra bizdeydi, şimdi kalkmıştı gitmek için.

Havra, ayakkabılarını giymiş, çantasını yerleştiriyordu omuzuna:

— Merhaba enişte nasılsın? diye seslendi arkadan.

Emre'nin baldızı ile arası iyiydi, onun gelişine sevindi:

— Merhaba Havra, ben iyiyim, seni sormalı dedi, karısının tutumundan dolayı uğradığı şaşkınlığı üzerinden atmaya çalışırken.

— Düğünden konuşurduk kalsaydın biraz daha.

— Ben de memnun olurdum buna enişte ama eve götürüp yerleştireceğim eşyalar var arabada.

— Havroş daha tamamlamadın mı eşyalarını diye sordu abla, kocasının çok yakınında durarak.

— İçin rahatlasın hayatım son eşyalar bunlar.

— Ömer'den ne haber? dedi genç adam elini karısının omuzuna koyarken.

— Ömer mi? O İsmailağa Sokağı'na gitti enişte, dînî nikahımız için Bahadır Hoca ile konuşacakmış.

Önünden geçerken Havra, ablasını süzdü çabucak, artık, ümitsiz, mutsuz, bedbin değildi, tebessüm ediyordu, kocasına, kardeşine ve hayallerine. Havra:

— Bay, bay dedi ve dışarı çıkıp kapıyı kapattı çabucak.

Park yerine doğru yürüdü ağır adımlarla yolun iki tarafında sıralanmış çiçeklere bakarak. Her adım atışında, menekşe, papatya, karanfil, şebboy, aslanağzı... başka bir çiçek çeşidi karşılıyordu genç kızı, arabasına binerken kendi kendine fısıldadı:

— "Selâm dedi bağışlamaya ve barışa. Françoise Sagan "Merhaba Hüzün" demişti ama o "Merhaba tebessüm" diyordu.

Bahadır Hoca, İslâmiyet'i yaşayan bir âileye mensuptu. Evliydi, Karagümrük'te oturuyorlardı, iki de kızı vardı. Bütün İslâmî ilimlere vakıftı.

İsmailağa Kur'ân Kursu'nda din dersi hocalığı yapıyor, boş kaldığı zamanlarda da babası ile beraber idare ettikleri Lâleli'deki aktar dükkânında çalışıyordu. Ömer ile Bahadır Hoca yedek subaylıkları esnasında tanışmışlardı. Bahadır olumsuz şartlara rağmen namazını kılar, orucunu tutar, Kur'ân dahi okuyacak fırsatlar yakalardı.

Sempatik görünüşlü, kara kaşlı, kara gözlü, yanık buğday tenli Bahadır Hoca'yı Ömer, tanıştıkları anda sevmişti, ona bazen Hocam der, bazen de ismiyle hitabederdi. İbadetlerini yapmasında, yardımcı olduğu için Bahadır Hoca da arada sırada komutanım, derdi Ömer'e şaka olarak. Ömer, Bahadır Haca'ya bir gün:

— Kur'ân okumaya neden bu derece önem veriyorsun? diye sorduğunda Hoca:

— İnanç esasları, ibâdet, ahlâk, toplumsal prensipler... hepsinin temeli Kur'ân-ı Kerîm'dir komutan demişti. Kur'ân Ademoğullarına nurlu yollarını gösteren bir rehberdir.

Kur'ân'ın gösterdiği şekilde hayatlarına yön veren mü'minler ölüm ve küfrün karanlıklarına galebe çaldıklarından, hem dirilik ve hem de nûrânilik ile vasıflanmaya hak kazanmış olurlar, demişti. Ve âyet okumuştu:

"Ölü iken hidayetle diriltip, kendisine insanlar arasında yürüyecek bir nur verdiğimiz kimse karanlıklar içinde kalıp ondan çıkmayan bir insan gibi midir?"

— En'am: 122—

Ondan sonraki birçok günlerde, daha başka âyetler de dinlemişti Ömer onun buğulu, yanık, Davûdî sesinden.

Kıt'alarına giderken, Bahadır onun telefon numarasını almış, fakat aramamıştı Ömer'i uzun müddet. Bahadır'ı tamamen unuttuğu bir zamanda, telefonda sesini duyunca Ömer onu hatırlamakta güçlük çekmişti.

— Komutan, telefon numaranızı kaybetmiştim, meğerse Kur'ân-ı Kerîm'in fihrist sahifelerinin arasına saklamışım, oradan çıktı, ne hoş bir rastlantı değil mi? Bizde Kur'ân dersi için anlaşmıştık ya! demişti.

Ömer onu reddetmemiş, hemen başlamıştı Kur'ân dersi almaya. Sâdece Kur'ân-ı Kerîm'i okuması için ders vermekle kalmıyordu Bahadır Hoca, İslâm'ı da anlatıyordu her karşılaşmalarında. Özlü ve hikmetli sözleri; ma'rifet hazinelerini, dinin inceliklerini, var olmanın gerçeklerini, en güzel ahlâkı, âdil bir hukuku, edebî tavsiyeleri, eğitimin gerekliliğini, tavırların en güzellerini, en tesirli belagat mucizelerini içeriyordu.

Ömer, onun parlak nasihatlerinden çok etkileniyor, dikkatle, sözlerinin bir kelimesini kaçırmamaya çalışarak dinliyordu, sadece kulakları ile değil kalbinin işitme cihazı ile de.

Gönülden gönüle yol vardır, gönülden de dile denir, Bahadır Hoca'yı her dinleyişinden sonra, Ömer, fikir bakımından bir başka Ömer olarak kalkıyordu onun yanından, buna göre konuşmaları da değişiyordu.

Kimi Bahadır Hoca'nın hediye ettiği, bazen kendisinin satın aldığı dînî kitaplardan, gökten gelen ilimleri vecd ile okuyor, hakikatten bir başka hakikate koşuyordu ruhu hiç usanmadan.

Bir panterin, otlar arasında veya ağaçların ardında gizlenerek avını beklemesi gibi, Bahadır Hoca da, anlattıklarının Ömer üzerindeki tesirini izliyordu büyük bir dikkatle.

Tercih edeceği yaşam biçimi ile, içinde bulunduğu hayat arasında, ikilemin başlamasının Ömer'de an meselesi olduğunu farkediyor, bunu sabırla gözetliyordu Bahadır Hoca. Arada sırada:

— Uyudun, uyandın güllere boyandın, diyerek latîfe ediyordu arkadaşına. Ömer, felsefenin insanı mutlaka mânevî ölüme götüren girdabından kurtulmuş, İslâm'a karşı bilinçlenmişti.

Ancak, Ömer'in Havra'ya olan sevgisi, vahalar bitmesine engel oluyordu gönül çöllerinde. Dînî konulardan bahsettiğinde nişanlısı, onu sâdece anlayışlı biri olarak dinlemeye çalışıyordu hiç etkilenmeden, hiçbir hakikatı onaylamadan. Tâlihsiz teşebbüsleri, günler geçtikçe yitirmişti ham umudunu da.

Genç adam, karşı cinsle olan ilişkilerinde taşkınlıkları olan biri değildi, zor olmuştu sevmesi. Fakat sevginin ne olduğunu da öğrenmişti Ömer ilk sevgisinde. Bu ona bir doğa armağanıydı, nasib olmazdı herkese. Hindistan'ın çiçek bahçelerinde yetişmiş gizemli bir orkide gibi güzeldi aşkı. Ömer binbir itina ile koruyordu nadide çiçeğini. Genç adam, pupa yelken gidiyordu kalbinin okyanusunda, memnun ve neş'eli.

Hayal bulvarlarında yalnızlığı adımlarken bir müjde doğmuştu hayatına; seviyor ve seviliyordu. Onun yuvası, okyanus kıyılarındaki bir bungola gibi özel olacaktı, bir palmiyenin tepe dallarında ötüşen kuş yavruları gibi cıvıldayacaktı çocukları etraflarında.

Tahsil hayatı ve ailesinin geniş çevresi sebebiyle genç adam pek çok kız ile tanışmışsa da, hepsi ile arkadaş olarak kalmış, onlardan hiç kimseyi sevememişti bir türlü. Havra, hayatına hiç beklemediği bir zamanda girmişti. Kartal Kaya'ya kayak yapmaya giden en küçük erkek kardeşinin imtihan neticelerini öğrenmek için üniversiteye gittiğinde görmüştü genç kızı. İlanların önünde duruyordu şaşkın bir vaziyette, Ömer ağlamaklı halinden, müteessir bakışlarından anlamıştı onun hiç bir yeri kazanamadığını. Yanında hiç kimse yoktu, göç edememiş bir çalının dibinde yalnız kalmış zavallı bir kırlangıç kuşuna benziyordu.

— Hiçbir yere giremiyor musunuz? demişti Ömer. Bu soruyu genç kız bir teselli gibi karşılamış:

— Evet, diye cevap vermişti içini çekerek ve ardından sormuştu ilgiyle:

— Siz de mi netice alamadınız?

— Evet, fakat kazanamayan kardeşim. İkiniz içinde önemli değil, demişti genç adam bazen kazanmak için kaybetmek gerekir, ben üçüncü girişimde kazanmıştım ve istediğim yere girmiştim.

Genç adamın hiç şüphesi yoktu; ansızın çalıveriyordu kapıyı sevgi, öyle uzun uzun düşünmeye; oturup mantık yürütmeye fırsat vermeden. Bu bir şans işiydi... İki karşı cins arasında duyulan sevgi günün birinde sönmeye mahkûmdur, diyenler, iki kişinin itina ile koruduğu bir sevgi çiçeğinin nasıl serpilip büyüyebileceğini, derinlere kök salıp ne derece kuvvetlenebileceğini düşünmüyorlardı muhakkak.

Ömer, Havra'yı evine bırakmayı teklif ettiği anda daha hissetmişti iki genç ciddi bir ilişkinin başladığını.

Nişandan önceki beraberliklerinde ve nişandan sonra çok sıkı bir şekilde muhafaza etmişlerdi aralarındaki saygıyı, kat'iyyen kapılmamışlardı içgüdüsel duygularının yoğunluğuna.

İki âile ferdleri arasında yapmışlardı nişanı, görkemli bir düğün yapmayı düşündüklerinden.

Ömer, İsmailağa Kur'ân Kursu yakınındaki Cebeci Camii'nin önüne arabasını park ederken düşüncelerden sıyrıldı. Bahadır Hoca'nın kursta olup olmadığının merakı sardı kalbini.

Onu sınıfında görünce sevindi, talebelerin bir kısmı teneffüse çıkmış, bir kısmı da sıralara oturmuş, ders çalışıyorlardı aceleyle.

Çantalar üzerine konulmuş çeşitli büyüklükteki Kur'ân-ı Kerîmleri görünce Bahadır Hoca'yı, dâ'vetiye vermeden nikâhına çağırmak geçti Ömer'in aklından. Bir an tereddüt ettiyse de cebinden dâ'vetiyeyi çıkardı, uzattı Bahadır Hoca'ya biraz sıkılarak. Bahadır Hoca'nın gösterdiği sandalyeye otururken, kızdı kendine niye kursa gelmişti sanki, telefon ile de halledebilirdi pekâlâ meseleyi.

— Düğününü Gece kulübünde mi yapıyorsun, hiç bahsetmemiştin bana Ömer, dedi Bahadır Hoca yavaşça koltuğuna yerleşirken.

— Bu çok uzun zaman önce kararlaştırılmış bir şeydi, hatırıma gelmemişti söylemek.

— İyi de nikâh önemli bir konudur; Hz. Adem ve Hz. Havva'dan beri bütün semâvi dinlerde varolmuştur; dînî ve kudsî bir akid olarak görülmüştür dünyanın her yerinde.

Hıristiyanların nikâhları kiliselerde, Yahudilerin ki havralarda kıyılır bundan sebep.

Nikâh yalnız bizde dînî bir akid olmaktan çıkmıştır.

Nikâhın ilânı da Allah'ın yasakları içinde icra ediliyor çok kerre. Müslüman hiçbir zaman kendini müstağni kılamaz Kur'ân'dan, tabiî ki buna düğün de dahildir.

Bahadır Hoca simsiyah, merhamet dolu bakışlarını Ömer'e dikmiş anlatıyordu arada sırada kafasını iki yana esefle sallayarak. Yüce Allah bizi bir parçasına değil dinimizin bütününe çağırıyordu. İslâm, suskunluk ve anlamamazlıktan gelmekle, yalnız onaylıyorum veya kabul ediyorum demekle geçiştirilecek ve öyle yaşanacak bir din değildi.

Hayatlarımızı aydınlatmamız gerekiyordu dinin ışığıyla, zulmetlerden nura çıkmalıydık.

Hiçbir zaman unutulmamalıydı dinimizin bütün haberlerinde, öğütlerinde, emir ve nehiylerinde, insanlar için hayır, güzellik, doğruluk, hikmet, rahmet ve maslahat vardı.

— Bütün kalbimle inanıyorum buna dedi Ömer,

Dedemin babası, "nolucak bu milletin hâli, fesad seli her yeri kapladı, dünyâ her an daha kötüye gidiyor, her şeyin eskisi gibi olması imkânsızlaştı" dermiş daha o zamanlar. Şimdiyse daha berbat bir devirdeyiz Bahadır. Okuduğum bir hadis dikkatimi çekti "İslâm garip başladı, garip bitecek" diyor, neylersin.

— O hadis-i şerifin devamı da vardır Ömer.

Peygamberimiz bu hadis ile ümmetini önlerindeki tehlikelere karşı uyarmak istemiş onu ümid kapılarını kapamak için söylememiştir. Aksi takdirde hadis gayretkeş müslümanların çalışmalarına mâni olur, Allah'ın emirlerini hakim kılma çabalarına sekte vururdu.

O hadisin devamı şöyledir: "Gariblere müjde olsun" Bu hadiste müslümanları, İslâm'ın doğuşu esnasında ashabın rolünü üstlenmeye çağrı vardır.

Birçok insanlar kendilerine karşı gelse dahi, onlar cihad ederler.

Hadis-i şerifte böyle olan müslümanlar yüceltilmiştir ve her müslümanın en azından onlara yardımcı olmalarına teşvik bulunmaktadır.

Kutuplardan kopup gelmiş buz dağları arasında kalmış gibi hiç durmadan Ömer'in kalbi titriyordu Bahadır Hoca'yı dinledikçe. Elleri ise sıcacıktı camdan giren güneş ışınları ile. Ne rastlantı Bahadır da benim avuçlarımın arasına güneş koymaya çalışıyor diye düşündü genç adam.

— Aşırı bozuk bir zamanda yaşıyoruz, Bahadır, dedi, Ömer dediğinde inad ederek. Fakat kalbinden Cenâb-ı

Hakk'ın inayetini son derece istiyordu, çok şaşkın ve çâresiz hissediyordu kendini. Allah, Kerim'dir, üzülme benim için diye ilâve etti sözlerine.

— Neden dünyevî ihtiyaçları Allah'ın keremine havale etmiyoruz da çâreler arıyoruz onlara sâhip olmak için? Acaba Allah'ın dünya hususunda değil de sâdece âhiret konusunda mı kerîm olduğunu sanıyoruz?

Dünya ve âhiretin sâhibi birdir; insanoğlu için ancak çalıştığı vardır.

Talebeler birer ikişer sınıfa girmişti, kimisi sırasına oturarak, kimisi de ayakta dinliyorlardı hocalarını ilgi ile. Bahadır Hoca bakışlarını talebeleri üzerinde gezdirdi sonra Ömer'e baktı yine:

— İnsanların bir kısmı kendinden geçmiş bir alkolik gibi dalmışlar dünya hayatına, imanın alâmeti değildir bu. Önüne katmış, şiddetle tartaklayarak götürüyor Ademoğlunu zamanın akışı mezara, halbuki o nefsinde ölümden gafildir. Ölüm sahamıza indiğinde ne kadar çok isteyeceğiz ölümden korkmamayı.

Suç yaşadığımız devirde değil bizde Ömer, İslâm'a gönülden bağlansak ve onun en iyi hayat nizamı olduğuna inansak zor gelmez müslüman gibi yaşamak.

Bahadır Hoca'nın simsiyah sakalları arasında kalmış kalın etli duduklarından ciddi ve yumuşak bir sestonu ile çıkan kelimeler, bir hançer ucu gibi iniyordu Ömer'in canevine; kalbini acıtıyordu, gönlünü acıtıyordu, ruhunu acıtıyordu, duygularını, düşüncelerini acıtıyordu.

Ömer birden utandı; önlerine Kur'ânlarını açmış hocalarının ders vermesini bekleyen talebelerden, Bahadır Hoca'dan, kendinden ve Allah'tan... Yabancıydı o bu ortama, evet yabancı. Nasıl da kaldırmak istiyordu şimdi masadan getirdiği dâ'vetiyeyi. "Eşşek adam" dedi içinden kendine; "program yapacak bir sürü şarkıcı isminin yazılı olduğu" dâ'vetiyeyi niye getirirsin bir din hocasına, hem de Kur'ân Kursu'na... Hızla ayağa kalktı Ömer:

— Sıralar doldu, dedi, ders saatiniz geldi herhalde. Ders çıkışı bir yere gidecekseniz götüreyim sizi, yolda da konuşuruz. Ben salonda beklerim.

Bahadır Hoca da kalktı ayağa misafirine hürmeten.

— Teşekkür ederim, dedi, Lâleli'ye geçecektim iyi olur benim için, fakat siz yalnız salonda sıkılırsınız, İsmet Efendi Hazretleri'nin kabrini ziyâret edin eğer isterseniz bu arada. İsmet Efendi'nin kabri, tekkenin bahçesinde bulunuyordu. Tekke de İsmailağa Kur'ân Kursu'nun biraz aşağısında idi; Cebeci Camii'nin önünde yer bulamadığı zamanlar arabasını oraya parkederdi Ömer.

İsmet Efendi Hazretleri'nin ismini Ömer, Bahadır Hoca'dan duymuştu ilk defa; Yanyalı idi ve büyük şeyhlerden biriydi. Kendisine mânevî ilham yolu ile yazdırılmış, Risâle-i Kudsiyye isminde bir eseri mevcuttu. Bahadır Hoca ezbere biliyordu Risâle-i Kudsiyye'den birçok beyti. Her coşkulu konuşmasının sonunda:

"Feda kıl varını Hakk'a gidelim,

Cemalı Ba Kemale seyr idelim"... derdi.

Birçok kereler bu zâtı ziyaret etmelerini Bahadır Hoca teklif ettiyse de müsâit zamanı olmamıştı Ömer'in. Haftada iki gün Bahadır Hoca'nın ders saatleri bittikten sonra geliyor, onunla yarım veya bir saat çalışıp işine dönüyordu derhal. Büyük zâtları ziyaret etmekten insana zarar gelmezdi, Ömer sevinerek kabul etti Bahadır Hoca'nın dediğini. İsmet Efendi Hazretleri'ni ziyâret edememekten duyduğu tedirginlikten kurtulduğu gibi şu içinde nereden peydahlandığını anlayamadığı sıkıntıyı da defederdi belki kalbinden de Bahadır'a sâlim kafayla açardı nikâh meselesini. En güzel bir şekilde kıyılmasını istiyordu dînî nikâhının; dualar ile başlasındı evliliği.

Kursun giriş kapısından çıktığında, Ömer dar ve uzun olan İsmailağa sokağını büyük bir kalabalığın doldurduğunu gördü; baştan sonuna kadar, park etmiş arabalarla dolmuştu yolun bir yanı. Kalabalıkta garip bir suskunluk vardı ve çok kimsenin kederliydi yüzü, başları hafifçe eğik, bakışıp duruyorlardı birbirlerine hoşnutsuz olarak, birşeyden sinmişcesine.

Ömer'in arabasının yakınında durmuş bir otobüsün etrafında çok yoğunlaşmıştı kalabalık ve sesler geliyordu.

— Bir dakika dur kardeşim!

— Sen önden tut!

— Lütfen yol açın!

Kur'ân kursunun kapısına dayanmış kendi aralarında fısıltı ile konuşan iki orta yaşlı adamdan birisine Ömer sordu:

— Cenâze var galiba!

— Evet!

— Ölen kim çok kalabalık?

— Cem Kahramanoğlu. Gazetelerde okumuşsunuzdur, otuz sene Almanya'da kalmış ve çok başarılı olmuş bir iş adamıydı, mide kanamasından gitti. İsmailağa camiinde kılınmasını vasiyet etmiş cenâze namazının. Cenâze Köln'den, Yeşilköy hava alanına, oradan, buraya getirildi, şimdi de nereye gideceğiz biliyor musunuz tâ Zincirlikuyu mezarlığına. Belli etmemeye çalışıyordu ama sinirli bakıyordu adam, canı sıkkındı bu uzun yolculuktan.

— Siz dedi Ömer neyi oluyorsunuz cenâzenin?

— Arkadaşı, Almanya'dan geldik, yarın döneceğiz.

— Neden cenâze namazının İsmâilağa'da kılınmasını istemiş?

Diğer Almanyalı omuzunu duvardan çekip doğruldu:

— Ne bilelim biz kardeşim, dedi. Cem, Mahmud Hoca isminde biri, Almanya'ya geldiğinde onu dinlemiş, anlattıklarından etkilenmiş, çok değişmişti.

Hu çekmiş duyduğumuza göre son zamanlarında, acaip işler!

Onlar da Ömer gibi dinlerine karşı bir yaban öküzü gibiydiler.

— Lütfen yan tarafa geçin!

Sür'atle korunmasalar az daha eller üzerinde İsmailağa camiine götürülen tabut başlarına değecekti Ömer'in ve iki Almanyalının. Üçü de yapıştı kaldı duvara, içinde ölü olan bir tabutla bu kadar yakın olmanın verdiği âni korkuyla, gözleri olabildiğine açılmış olarak. Omuzları çökmüş, can çekişen bir köpek gibi soluyorlardı duydukları dehşetten.

Ömer yaslandığı yerden ayrıldı, ceketine bulaşmış olan tozları silkeledi eli ile:

— Korkunun ölüme faydası yok, dedi, birgün biz de gireceğiz böyle bir tabuta.

İki Almanyalının, ona düşman kesilen bakışlarına aldırmayarak yürüdü, kalabalığın arasına daldı, kimseye çarpmamaya dikkat ederek tekkeye doğru yürüdü yavaş yavaş.

Tekke Camiinin bahçesinde birkaç mezar vardı. İsmet Efendi Hazretleri'nin kabrinin hangisi olabileceğini düşündü Ömer etrafına bakınarak.

— Esselâmü aleyküm.

Beyaz sakallı, zayıf kısa boylu, çok yaşlı bir ihtiyar, camii duvarının yaptığı gölgelikte bir taşın üzerine oturmuş, oradan sesleniyordu Ömer'e.

— Aleykümüs selâm dedi Ömer, ihtiyara yaklaşırken.

— İsmet Efendi Hazretleri'nin kabri hangisi?

— Tam önünde durduğunuz kabir.

İhtiyar belki kalkar gider ümidiyle Ömer, birkaç dakika etrafina bakınarak oyalandı. Bahçe büyüktü, dut, kiraz, erik, ağaçları vardı içinde. Ağaçların arasından uzakta iki katlı yaşlı, ahşap bir bina görülüyordu.

Kabirlerin çevresi çiçek doluydu. Mor ve beyaz zambaklar, nergisler, asma güller, güneş ışınlarını başlarına takmış, birer gelin olmuştu hepsi.

Ömer dönüp baktığında, ihtiyarın yerinden kıpırdamadığını gördü. Bir çam ağacının dalına konmuş, câmi duvarının dibinde yükselen kırmızı güle doğru şakıyan bir bülbülü izliyordu, sararıp solacak bir gülşene bülbül olmaya acıyan bir tebessüm ile.

Ömer ellerini kaldırıp Fatiha'yı okudu, sevabını ölülere bağışladı ellerini yüzüne sürdü.

— Delikanlı, amma da fiyakalısın, nereden geldin?

Hiç gülesi yokken Ömer tebessüm etti ihtiyarın sözlerine:

— Fenerbahçe'den, dedi, yüzünü ona doğru döndürerek.

— Ayakkaplarını gıcır gıcır, gri takım kostümün tiril tiril, gömleğin, gravatın hepsi âlâdan âlâ.

— Ne olmuş, yâni amca, dedi Ömer, artık iyice gülüyordu.

— Bana olmuş birşey yok sana olmuştur diye aklımdan geçti. Gençlerin çoğu düşünmez ama, insan ile ölüm beraberdir bu dünyada. Ah! Oğul, bu alemden öyle müslümanlar gelmiş geçmiş ki bir parça ekmek yemiş, eskimiş bir elbise giymiş, yere kapanmışlar, yaşadıkları müddetçe var kuvvetleriyle ibâdete koyulmuşlardır. Günahlarından dolayı ağlamış, cezadan kaçmış, Allah'ın rahmetini aramışlar havf ve reca arasında; bu hallerine devam etmişler taki ecelleri gelinceye dek.

İşte önünde durduğun kabirde yatan zat, onlardan biridir. Yaşlı adam Diyojen gibi biriydi; o Atina sokaklarında mekân tutar, halka faziletten bahsederdi bu da kabir başında vaaz veriyordu. Zerre kadar umursamıyordu Ömer'in onu dinleyip dinlememesini devam ediyordu konuşmasına ara vermeden.

— Kabirlerinden kalktıkları zaman önlerinde nurları koşacak, Arasat meydanına özel binekler üzerinde gidecekler, Cennet'e girinceye kadar devam edecek onların bu şanlı halleri. insanın eceli muhakkak ki gizlidir kendisinden. Yâ içinde bulunduğun bugün ömrünün son zaman parçası ise oğul? O halde ibadetle meşgul olmalı değil mi?

İhtiyarın sorusu bir balyoz gibi indi Ömer'in kafasına, adamın söylediklerini dinlemeye çalışırken, aynı anda onun ne vakit kalkıp gideceğini düşünüyordu genç adam, çünkü yatırı vasıta kılarak, evliliği için Allah'a dua edecekti şöyle gönlünce.

— Haklısın amca ne demezsin, dedi zihnini toparlayarak. İkinci bir soru şaşkınlığına uğramamak için de dikkat kesildi olanca gücüyle. Dinlemeye değer konuşmalardı ayrıca.

Sesinin tonu cılızdı yaşlı adamın fakat söyledikleri, toprak yarıklarından fışkırıp, bahçelerde rengarenk çiçekler açtıran, tarlalarda yeşillikler bitirten tertemiz su gibiydi. Soluk elâ gözlerini süsleyen zeki bakışlarını Ömer'in yüzüne yaymış, konuşmaları ile onu teslim almaya çalışıyordu mâ'nevi kalesi içine.

— Şehirler imâr eden, yüksek duvarlarla çevrili saraylarda oturan padişahlar, harb sahalarının muzaffer kumandanları, nice gençliklerine meftun olanlar hepsi mühlet evinden çıkıp yeryüzünün altına geçmiş, kabirlerin karanlıklarına bürünmüşlerdir.

Dünyadan göç etmek yazılmıştır insanın alnına değil mi oğul?

— Tabii amca, dedi Ömer, omuzlarını gererek dikleşirken, yaşlı adamın çok memnun olacağı bir çabukluk ve haraketle vermişti cevabı.

— Oğul bütün dünya ehli kabir ehlindendir. Onlar ancak, geride bıraktıklarına pişman olacaklardır, daha önce gönderdikleriyle de sevineceklerdir.

Gariptir ki, kabir ehlinin hayattayken yaptıklarından dolayı pişman olduklarının üzerinde ise dünya ehli boğuşur, durur.

— Öyle, dedi Ömer samimiyetle, yaşlı adamın her sözünü içine çeken bir dehliz açılmıştı kalbinde, oradan ruhunun derinlerinde yatan bir ölüye can veriliyordu nefes nefes...

— Nice insanları kendine aşık eden güzellikler, nice insanı şaşkına çevirip onları Firavun, Nemrut eden zenginlikler, nice insanı hayrete düşüren sıhhatler, ademoğlunun ardından gelen nesillere verildi.

Yaşlı adam bir ayağını bastığı toprak üzerinde ileri geri götürdü çabucak, bunun altına girdiler demek istiyordu.

— Unutma her gelen yakındır, uzak odur ki gelmez. Herkese yaklaşıyor öbürsü aleme göç etmeye.

Bu dünyada Diyojen'den daha güzel konuşan nice insanlar vardı. İsmet Efendi Hazretleri'nin kabri başında konuşan bu ihtiyar gibi.

Bereketli bir bulut, bir rahmet yağmuruydu sözleri.

— Ey oğul sana nasihatim şudur ki, Allah'ın rububiyetini ikrar edip, onun önünde eğilerek sabahla ve akşamla!

Yaşlı adam, kendisinden beklenilmeyen bir çeviklikle ayağa kalktı, duvara dayalı bastonunu aldı, acele bir selâm vererek yanından geçti Ömer'in.

— Amca, dedi yüksek sesle genç adam ihtiyarın arkasından birkaç adım atarak, bana duâ et evleniyorum.

— Cenâb-ı Hakk, hakkınızda ne hayırlı ise onu ihsan etsin sana da nişanlına da.

— Âmin, dedi genç adam gönlünün tüm iştiyâkı ile, evet o da iyiyi istiyordu haklarında güzel olanı istiyordu yüce Allah'tan.

Merdivenlerden aşağı birkaç adım atmışken durdu yaşlı adam:

— Kendin de duâ et, dedi ancak dünyaya mensub kalple değil, göklere mensub kalble.

Merdivenden bir adım daha atınca yalnız başını görür olmuştu Ömer, ihtiyarın. Koşarak geldi merdivenlerin başında durdu:

— Amca! amca! dedi siz kimsiniz?

İhtiyar basamakları bitirmiş, dinleniyordu kapının eşiğinde. Bastonunu kaldırıp havada salladı, dişsiz ağzını açtı:

— Bir yolcu dedi, kırışık solgun dudaklarını oynatarak. Güneş hurma dallarının yapraklarının uçlarında iken orada ne kadar kalıyorsa, dünyada da o kadardır insanın duruşu! Âbidler ve zâhidler felâh bulmuşlardır. Mevlâlarının hatırını gütmüş, gözlerini uykusuz bırakarak bitirmişlerdir gecelerini. Allah'a ibadetle o derece meşgul olmuşlardır ki, onların deli olduğunu zannetmiştir halk. Haydi eyvallah, seni sevdim delikanlı.

— Ben de seni diye bağırdı Ömer, kalbindeki bin çığlıktan bir tanesini sesine sıkıştırarak hayır, hiçte değil, asla deli zannetmemişti onu.

Bir gün güneşlenirken karşısına dikilip "Dile benden ne istersen" diyen Büyük İskender'e "Gölge etme, başka ihsan istemem" diye cevap vermişti Diyojen. Pek meşhur olmuştu Diyojen'in bu sözü.

"Unutma her gelen yakındır, uzak odur ki gelmez" sözü ondan daha az mı mânâlıydı sanki?

Bu yaşlı adamın konuşmalarının dünyâ klasiklerinde yer alması için illa Diyojen mi olması lazım geliyordu isminin. Haksızlıktı bu ama.

Tekkeden çıkınca Ömer çevresine bakındıysa da göremedi o yaşlı adamı; kimbilir hangi sokağa sapmıştı. Ya da kendisi gibi çökmemek için büyük bir direnç gösteren o buruşuk evlerden birisine girmişti kırık dökük hayatını yaşamaya âhiret şenliğinde. Cenâzeyi getiren otobüs ve arabalar gitmiş, halk dağılmış tenhalaşmıştı ortalık. Şişmanca bir kadın bakkaldan çıkmış, iki dolu filesini oflayarak taşıyor, çocuklar ebecilik oynuyordu kapı önlerinde. Sokak kısa bir uykuya dalmış yorgunluk gideriyordu ikindi güneşi alltında.

— Allahu Ekber, Allahu Ekber...

Cebeci câmiinden ikindi ezanı okunuyordu. Ardından diğer camilerde de başlamıştı ezan sesleri duyulmaya.

Ömer arabasına binmiş, Cebeci Camii'nin önünden ayrılıp, İsmailağa Sokağı'ndaki bir manifaturacının önüne gelmişti, Bahadır hocayı orada bekliyordu. İsmailağa Sokağı bir on dakika gibi kısa bir müddet içerisinde çok hareketlenmişti yine. Apartman merdivenlerinden inenler, dükkânlardan çıkanlar, ilerideki sokaklardan gelenler, camiye doğru gidiyorlardı acele ederek. Arabaları ile gelenler de vardı, kimisi Ömer'in önüne, bazısı da arkasına park etmişti arabalarını. Nerede kalmıştı şu Bahadır da? Hoca'nın koşar adımlarla kendi tarafına geldiğini görünce rahat bir nefes aldı Ömer, kontakt anahtarını çevirdi motoru çalıştırdı.

Bahadır hoca arabanın yanına geldiğinde eğildi, camın aralığından Ömer'e baktı:

— Komutan dedi, birşey rica edeceği zaman mutlaka böyle hitab ederdi Ömer'e, vaktin varsa ikindi namazını İsmailağa'da cemaatle kılayım, öyle gidelim.

— Pekâlâ, dedi Ömer, bekliyorum seni.

— Allah râzı olsun, çok teşekkür ederim.

Çocukların bir kısmı câmiye gitmişti, geriye kalanlar da evlerine girdiklerinden kimse kalmamıştı sokakta, arada bir veya iki kişi geçip gidiyordu Ömer'in yanından.

— Hav, hav... hav, hav, hav... bir çoban köpeği arabanın yanına gelmişti. Kulaklarını dikmiş, kuyruğunu çapkınca sallayarak havlıyordu genç adama doğru.

— İsmailağa Sokağı'nda benden başka havlayabileceğin kimse yok değil mi diye mırıldandı Ömer canı sıkılarak.

Arabanın kapısını açtı, dışarı çıktı. Köpek kapının gürültüsünden ürkmüş, sür'atle geri çekilmişti Ömer'i yanından.

Ömer, arabanın anahtarını cebine koydu, ağır adımlarla yürümeye başladı İsmailağa Camii'ne doğru.

Sokağın cadde ile birleştiği köşeye inşa edilmiş olan İsmailağa Camii bir zelzelede yıkılıp 80 sene harabe halinde kaldıktan sonra tamir edilmiş ve ibâdete açılmıştı.

Eni, boyu ve yükşekliği Kâ'be'yi muazzamanın ebadındaydı. Yol kenarında küçük bir mezarlık vardı; sâhiplerinin kimler olduğunu bilmediği mezar taşlarını saydı, doğru saydıysa 35 tane idi.

Ölüme çâresizliğin ağıtını Ademoğluna işittirebilmek için dikilmiş mezar taşlarından bazıları yorgun düşmüş öne eğilmiş, bir kısmı sesini duyuramamanın kahrı ile çatlamış, parçalanmıştı. Bu demir parmaklıklarla çevrili yerde nice dedeler, babalar, torunlar yatıyordu üstüste istif edilmiş olarak. Ölüler ülkesiydi, İsmâilağa câmisinin küçük mezarlığının altı: Huşu dolu bir sessizlik vardı câmi avlusunda. Ortadaki dalları yaygın ağacın yaprakları fısıltı ile hışırdıyordu rüzgârda. Ağacın altındaki şadırvandan gelen su ve takunya tıkırtısından başka bir ses yok. Uzaklarda kalmıştı araba sesleri, çocuk bağırtıları. Basamakların dibine kadar doluydu câminin içi. Basamaklardan yukarıya çıktı, bulduğu boş bir yere ilişti Ömer pantolonunu çekiştirerek.

Kürsüde bulunan hoca büyük bir saygı ve edeple Kur'ân okuyordu. Aman Yâ Rabbi nasıl bir okuyuştu bu? Ses gür değildi; yanık hiç değildi. Târifi hiç imkânsız başka bir şeyler vardı bu seste, Medine'den esip gelen bir rüzgâr mıydı ki yedi kat göklerdeki Me'va Cennetlerine savurmuştu cemaatın ruhlarını...

Bir şimşek mi çakmıştı Mekke'den, bu sesi aydınlatan?

Hz. Yusuf'un güzel kokusu ve sevgisi ile dolup taşan Hz. Yakub'un kalbi gibi olmuştu gönüller...

Tur dağında Hakk'ın tecellisi ile Nur-i İlâhi'yi gören Hz. Musa'nın gözü gibi ışıltı saçıyordu bakışlar...

Tükenmez bir kaynaktan tertemiz tatlı sular içiyordu herkes... Ebedi saadetin müjdesi, feyiz yağmurları gibi iniyordu kalplere. İkilikten azat olunmuş, "Sen"den ve "Ben"den geçmişti nefisler...

Hocaefendi Kur'ân okumasını bitirdiğinde kıpırdayacak hal kalmamıştı kimsede; herkes ebediyet olsun istiyordu bu anlar...

Ömer yanındaki gence eğildi:

— Kimdi okuyan? dedi yavaşça.

— Mahmud Ustaosmanoğlu Hazretleri, vârisi resul olan zevatı kiramdandır.

Evet, öyle olmalıydı, milyon kere milyon tasdikliyordu Ömer'in kalbi bunu. Hocaefendi okuduğu âyetin mânâlarını veriyordu şimdi de; müslümanların birbirini sevmesinden bahsediyor, ahlâktan söz ediyordu. O mübârek zâtın sözleriyle o güne kadar hiç hissetmediği bir İslâm canlanıyordu Ömer'in kalbinde. İslâm'ı anlatan o yiğit yürek, genç adamın ruhunu bir uydu gibi kendisine çekiyordu.

Güneş merkezli mânevi bir sistemdi, bu Hz. Âdem'den beri sürüp gelmiş. Kimse ayıramamıştı havarilerini Hz. İsa'dan. Hak talibleri dâima döneceklerdi imamlarının etrafında canlarını feda edercesine. İlâ nihâye devam edecek bir kanundu bu.

Hoca efendinin iki yanında çok temiz giyinmiş bir topluluk vardı, hepsinin bakışları ciddi idi ve hürmetkâr duruyorlardı.

Ömer yanında oturmaya devam eden gence:

— Kim bunlar biliyor musunuz? dedi Hoca efendinin yanındaki topluluğu işaret ederek.

— Ayıb ettin âbi bilmez olur muyum, dedi çocuk ben ha şuradaki Yasin Kitabevi'nde çalışıyorum, beş vakitte de gelirim namaza.

Hocaefendi'nin, yanındakiler oğulları Abdullah ve Ahmet Ustaosmanoğulları. İkisi de İslâm âlimidirler.

Hocaefendi'nin solunda duran genç hoca genel kültürü ile tanınmıştır Mektubat, dersi verir, ismi Bayram Öztürk'tür. Kıbleye doğru yönelmiş olarak oturan imam Fikri Doğan hocadır, çok çalışkan ve iyi bir insandır.

Kürsüye kolunu dayamış olan Yusuf Ünlü'dür, yardım severliği ile bilinir İslâm câmiasında. Konuştuğu o genç de oğlu Ahmed Ünlü. Vaaz verir İstanbul içinde ve İstanbul dışında. Yaman Arapça bilir ağabey. Ben görmedim ama Ahmet Ünlü'nün annesi de çok hanımefendi bir kadınmış duyduğumuza göre. Senin anlayacağın iyi âile çocuğu.

Kitapçı çırağının omuzuna eli ile dokunarak:

— Sağol dedi Ömer bu kadarı kâfi, pek öyle hatırımda tutamam isimleri. Çocuk ağzını açmıştı ki Ömer konuşmaya başlar korkusu ile:

— Eyvallah ahbap, dedi ve merdivenlerden inen cemâatın arasına karıştı. İsmâilağa Câmii'nin, sokağa bakan kapısından acele adımlarla çıktı, yeniden hayata doğar gibi. Gönlünde bir meş'âle yanmıştı genç adamın, kalbinin kuytu köşelerine ışık tutan, karanlıklarını aydınlık eden. Ruhunda İslâm sevdası tütmüştü. O sevdanın hülyâları içinde Bahadır Hoca'yı Lâleli'ye bıraktı, o sevdanın hülyâsı ile etti akşamı.

Anne-babası ve kardeşlerinden hiç kimse yoktu gece eve vardığında, tiyatrodaydılar hepsi. Genç adam üzerindeki elbiselerini çıkardı, sırtına eşofmanlarını geçirdi, bir koltuğa geçip günlük gazeteye baktı, haberleri dinledi televizyondan, sonra balkona geçti. Saat on ikiyi vuruyordu, tiyatro dağılmış olmalıydı.

Az sonra, anne-babası, kardeşleri gelirlerdi, vapur düdüklerinin sesleri geliyordu uzaklardan. Otobüslerin tekerlekleri hızla geçerken vızıltı çıkarıyor, rüzgârı ikiye biçiyordu koca gövdeleri.

Işıklar sönmüştü evlerin çoğunda. Apartmanlar siyah hayâletler gibi uzanmışlardı gökyüzüne doğru. Karşı binadaki açık pencereden şarkı sesi geliyordu; "Oynama şıkıdım, şıkıdım"

Ah! bu gürültü ile uyuyan şehir...

Ah! bu âhirete suskun insanlar...

Ve ah! o uyanık kabirler...

Genç adamın gözlerinin önüne İsmet Efendi Hazretleri'nin kabrinin, İsmâilağa Sokağı'nın hayali geliyor, bir saadet abidesi gibi. Hoca Efendi kollarını uzatmış, renk renk çiçeklerden yapılmış bir çelenk, onu geçirmek istiyor Ömer'in boynuna. Genç adamın ruhu umutlar evreninde, başını eğiyor teslimiyetle. Diz çöküyor yere; imanı hayat bulmuş, can bulmuş...

Bütün nankörlükleri yere serilmiş...

Hakikat deryalarına kürek çekiyor Ömer, sevinçle, kendinden emin hiç bir dalga alabora edemeyecek, hiçbir kasırga sarsamayacak onu.

Gökyüzüne doğru açıyor ellerini kalbinin tüm iştiyakı ile hayatın sırrı avuçlarında.

— Rabbim! Senin izzetine yemin ederim ki günahlarımla sana karşı gelmeyi kastedmedim, diyor ruhunda sevda tüten bir feryatla. Seni bilmediğim, kendimi cezana bıraktığım, benim hallerimi görmüş olmanı hafife alarak da isyan etmedim Sana, fakat nefsim aldattı beni.

Rabbim! kalbimi muhabbetinle doldur.

Yarın katında beni kınama zilletinden koru!

Rabbim! Mehtap ve yıldızlar eğlenceye daldı, evlerin kapıları kilitlendi, ağızlar sustu, gözler uyudu.

Ama dostların, Seninle yalnız kaldı.

Âbidler gecenin karanlıklarını Sana doğru yönelmek ile kat'ediyorlar.

Senin rahmetine doğru yarışıyorlar...

Mağfiretinin faziletine koşuyorlar...

Rabbim! Ben ise senin huzurundaki makamdayım.

Allah'ım! Günahtan dönüş ve ibadete yöneliş ancak senin kudretinledir.

Lütfen beni, Senin yolunda koşanlar zümresinin birinci safında kıl!

Rabbim! dünya ve âhiretin tesirini müttekilerin kalbinde ne derece halk etmişsen, benim de kalbimde öyle kıl.

Ve kaderin icraatı altında, kalbimin sükûn bulmasında bana yardım buyur, lütfen...

Marina Restaurant'ta bir cam kenarına oturmuş olduklarından denizde yol alan gemilerin ışıklarını seyredebiliyorlardı Ömer ve Havra. Arka arkaya ve renk renk gelip geçen ışıkları; yeşil, kırmızı, mor, sarı...

O sırada garson masalarına gelerek dumanı tüten kahveleri getirmiş, önlerine koymuş ve sipariş verip vermeyeceklerini soruyordu saygılı bir ifâdeyle.

— Havra sen ne istiyorsun? diye sordu Ömer nişanlısına.

Genç kız kibar bir şekilde menüyü aldı gözden geçirdi:

— Sâdece biftek dedi.

— Biftek ve bezelye çorbası lütfen.

Garson yanlarından ayrıldığında Ömer kahvesinden bir yudum aldı sonra tabağına koydu fincanını. Yemekten önce kahve içmesini severdi ikisi de.

Ömer, bir kolunu pencere pervazına dayayıp, biraz öne doğru eğildi:

— Seni çok erken uyandırdım bu sabah özür dilerim, dedi.

Havra omuzlarını silkti:

— Önemli değil, ancak şaşırmadım diyemem, saate baktım altı idi.

— Derin bir uykudan uyandırdım seni anladığım kadarıyle çok mahmur geliyordu sesin. Geç mi yatmıştın?

— Ben saat birden ikiden önce yatmam biliyorsun. Havra güldü, erkenden yatılmış olsa da uyku saatidir altı. Ben ve bütün İstanbul uykudayızdır, yataklarımızdan çıkmayız o saatte.

— Yataklarından çıkanlar var Havra, câmilerde, evlerde pek çok müslüman o saatlerde uyanıklar, namaz kılıyorlar.

— Doğrudur da, sen ve ben onlardan değiliz ama!

Nişanlısının sözleri kalbinde bir tokat gibi şaklamış onu nefessiz bırakmıştı, birkaç def'a arka arkaya yutkundu genç adam. Garsonun, fincanının yanına bıraktığı dolu bardağını aldı, dudaklarına yaklaştırıp, bir yudum su çekti ağzına.

Havra kahvesini sıcakken içmiş bitirmiş, garsonun önüne koyduğu biftekten yemeye başlamıştı:

— Biftek çok tâze Ömer, çok da lezzetli, dedi. Bifteğinden bıçağı ile bir parça kesip ayırdı:

— Tadına bir bak istersen.

— Güzele benziyor, afiyetle ye, diye cevap verdi Ömer, nişanlısının zarif hareketlerle bifteği çatala alışını seyrederken.

Havra'ya bakmaktan kendini bir türlü alamıyor, kızıyordu buna, aklı ise genç kız ile geçirecekleri birliktelikteydi.

Havra ile evlenecekler güzel havalarda evlerinin deniz tarafında olan balkonunda akşam yemeklerini yiyeceklerdi şimdi olduğu gibi karşılıklı. Yazları Side'ye gidecekler, amcasının motelinde kalacaklardı bir ay. Side'nin altın sarısı, incecik, sıcacık kumlarında koşacaklardı mayolarıyla hiç pervasızca, okuldan kaçmış çocuklar gibi, özgür, hür ve sorumsuz olarak. Cumartesi günleri öğleden sonra bir Kafe'ye uğrayacak, çay saati keyfi yaşayacaklardı canlı müzikle.

— Tatlım! dedi Havra, ilk def'a görüyormuşsun gibi bakıyorsun bana Ömer. Neyin var? Biftek mi yemek istemiyorsun yoksa? Zorlamıyorum seni, tamam, ben yiyorum o minicik parçayı.

— Şey... Ömer masanın kenarına koyduğu su bardağına çevirdi bakışlarını, başka birşey düşünüyordum ben, dedi.

— Evet sanırım öyle. Bana birşey söyleyecektin, onu mu düşünüyorsun?

Havra birkaç dakika hiç konuşmadan tabağındaki biftek ve yanına konmuş olan domates ile yeşil biberleri yemekle meşgul oldu, belki nişanlısı kendiliğinden başlardı bu arada konuşmaya.

Ancak Ömer, çorbasını içip bitirmiş, kaşığını elinde tutuyordu öylesine ve konuşmuyordu.

— Ben yüz dâ'vetiye dağıttım Ömer, sen de bir o kadar dağıtmışsındır muhakkak.

— Hı... Evet...

Genç kızın artık hiç şüphesi kalmamıştı, bir tuhaflığı vardı nişanlısının. Yalnız telefon ediş saati ile değil bakışları ve davranışları da bir garipti. Yemesi bitince Havra, tabağını öne doğru itti.

— Tatlı ister misin Havra?

— Hayır!

— Burası kapalı mekân, açık bir yere ne dersin? Kalkalım mı?

— Kalkalım. Genç kız yanındaki boş sandalyeye koyduğu çantasını aldı koltuğunun altına sıkıştırdı. Ne tatsız bir akşam yemeği yemişlerdi. Telefonda kararlaştırdıkları üzere genç kızı Moda'daki bu Marina Restaurant'a onu babası getirmişti, iyiki de yemeğe kalmamış, ayrılmış, gitmişti eve.

Caddede giderlerken de Ömer'in yoğun tuhaflığı değişmemişti, acâip bir şekilde sessiz sürüyordu arabayı. Sâdece duraklara geldiklerinde "Kırmızı yandı", "Yeşil yandı" diyor, başka bir söz çıkmıyordu ağzından.

Restaurantta zaten yeterince gerilmişti genç kızın sinirleri, bir de bu arabadaki suskunluk, hasta etmişti onu. Boynundaki ince altın zinciri evirip çeviriyordu şaşkınlığından.

Az sonra tek katlı evlerin bulunduğu geniş toprak bir yolda ilerliyorlardı. Bazı evler özenle boyanmış, bakımlı bahçelerle çevrilmişti. Bol elektrik ışıkları altında bir masala konu olacak güzellikte ışıltılıydı. Bazı evlerde çökmüş, camları kırılmış, bahçeleri çalılar ve insan boyu otlarla kaplıydı. Cadı evlerine benziyordu onlarda.

Ömer gözlerini yoldan ayırmadan sordu:

— Şu deniz kenarındaki banklardan birine otururuz, önlerinde tahta masalarda var, buraya park edeyim mi arabayı?

— Olabilir, dedi Havra.

Yuvarlak, büyük sarı bir tepsi gibiydi karşı sâhilin tepelerinde mehtap. Yıldızlarla buluşmanın heyecanıyla hafif hafif göğsü inip kalkan denize seranad yapıyordu çil çil altınlar atarak. Havra'nın ve Ömer'in başlarının üzerinden ay ışıkları dökülüyordu kucaklarına. Ama genç kız manzaraya görmeyen gözlerle bakıyor, hiç kıpırdamadan duruyordu. Havra, bir şey düşünecek halde de değildi hayretinden. Hiç bu halde görmemişti Ömer'i o güne kadar.

Genç adam yüzünü çevirerek konuşmasını bekleyen nişanlısına baktı, içinden kendisine sâkin olmayı telkin ederek:

— Sana bir şey söylemek zorundayım Havra, dedi.

— İyi ya söyle işte bir anda!

— Bin anda söylenecek bir şey değil bu?

— Allah aşkına Ömer konuş bu esrarengiz hallerinle bana şaka mı yapıyorsun yoksa önemli bir şey mi var gerçekten.

— Şaka ile alâkası hiç olmayan yegâne bir mesele, hayatî bir problem Havra.

Nihâyet konuşacaktı Ömer, genç kız hafifçe nişanlısına doğru döndü, ne derse desin anlayışla karşılamaya hazır olarak.

— Evet, dedi nişanlısına en şefkatli sesiyle ürküp konuşmadan vazgeçmemesi için.

— Hayatta dört şey geri gelmez; söylenen söz, atılan ok, kaçırılan fırsatlar, geçen zaman. Allah'ın bize dünyada lûtfettiği sonsuz zaman evvelleri ile sonsuz zaman sonraları arasındaki bir müddetten ibâret olan ömrümüzü değerlendirelim Havra.

— Değerlendirelim, dedi Havra tüm kalbiyle, bu çok mâkul bir sözdü.

— Cenâb-ı Hak ilk defa bizi nasıl çırılçıplak yaratmışsa aynı şekildi yapayalnız ve tek olarak O'nun huzuruna çıkarılacağız, dünya hayatının hesabını vereceğiz.

— Bunları telefonda da konuşmuştuk Ömer.

— Biliyorum, fakat söyleyeceklerime önsöz yapıyorum.

— Esas konuya girmedin mi daha? dedi Havra çok sevimli bir şekilde gülerek. Ömer konuşurken mühim birşey olmadığına karar vermiş, sinirliliğini üzerinden atmış, sakinleşmişti bir parça.

Havra'nın serin kanlı hâli Ömer'i etkilemişti, söylemek istediği sözler titreşip durmuyordu artık kafasında.

— Başladım dedi tebessüm ederek. Sonra ciddileşti:

— Amelce hangimiz daha güzeldir diye bizi imtihan etmek için hem ölümü hem de hayatı yaratan Yüce Allah'tır.

Ölümü hangimiz daha fazla hatırlıyoruz?

Ölüm için hazırlanmak bakımından hangimiz daha güzeldir?

Ölümden korku ve sakınmak bakımından hangimiz daha şiddetlidir?

— Ölümden çok bahsetme Ömer, ablam gibi ben de korkuyorum, ölümden de ölüden de düğünden konuşalım.

— Ben de şimdi o konuyu açacaktım.

Âile İslâm'da mukaddes bir kurum. Evlenme Allah'ın emri peygamberimizin sünnetiymiş, bütün peygamberler ümmetlerini evliliğe teşvik etmişler.

— Biz şimdi peygamber istedi diye mi evleniyoruz? Bundan benim hiç haberim yok, eğer sen öyle bir şey düşündünse o başka tabii.

— Ben de düşünmemiştim, çünkü bilmiyordum böyle bir şeyi. Fakat şimdi Rabbim emrettiği için peygamberimizin sünneti olduğu için evleniyorum, senin de bu niyeti yapman gerekir kalbinden.

Bir ürperti dolandı Havra'nın vücûdunda, genç kızı tedirgin eden birşeyler vardı nişanlısının sözlerinde.

— Kutlu olan bir hayata İslâmî usullere göre başlamalı dedi Ömer. Genç adam şimdi de nerdeyse soluk almadan anlatıyordu; nikâh, değer taşımayan bir sözleşme haline getirilmişti zamanımızda. Haramın helâl kılınması kastedilmiyor, Allah'ın düzeninden başka bir düzen adına yapılıyordu nikâhlar.

Nikâh insanı hayvanlardan ayıran özelliklerden biriydi. Bir taklitçilik içine girilmişti bilerek veya bilmeyerek, kendi dînî ve millî değerlerinden uzaklaşmıştı halkın bir kısmı.

Hiç kimsenin önüne bir Çin seddi yapmayı aklından dahi geçiremeyeceği bir inançla konuşuyordu Ömer.

Nişanlısının sözlerinin ardındaki maksadı anlamak için Havra'nın zihninde kırk tilki ayağa kalkmıştı, kulaklarını dikerek. Bir tayfun tehlikesi hissediyordu onu bir saman parçası gibi önüne katıp götürecek.

Ömer şimdi de soruyordu:

— Biliyor musun Havra, neredeyse geleneksel düğün marşımız olan "La Cumparsito"yu Uruguaylı Mathos Rodriguez bestelemiş, kelime olarak da Cumparsito "Küçük karnaval kuyruğu -alayı-" demekmiş, tuhaf değil mi?

— Yoo... değil, bilâkis güzel bir müzik parçası, ben severek dinlerim her zaman.

Ömer'in kemikli esmer yüzünü bir öfke bulutu kapladı incecik.

— Evet ama, "La Cumparsito"nun düğünümüzde çalınmasını istemiyorum ben diye soludu.

— O halde ne çalınsın?

— Basın-radyo ve televizyonla uğratıldığımız aşağılık duygusu ile benimsemiş olduğumuz batılıların düğün şeklinden farklı olsun diyorum düğünümüz.

Havra üşümeye başlamıştı, elleri ile kollarını oğuşturdu:

— Ne gibi diye sordu?

— Erkekler-kadınlar bir arada olacaklar düğünümüzde; içki ikram edilecek, sen o, incecik askılı dekolte gelinliği giyeceksin.

Böyle içkili, danslı-cazlı, kadınlı-erkekli eğlenerek düğün batı usûlü.

Büyük kesme buz kalıpları atılmıştı genç kızın kalbine sanki, müthiş üşüdü, titriyordu, daha fazla konuşturmamalıydı nişanlısını tehlike, çığ olmuştu önünde, an meselesiydi üzerine yuvarlanması.

— Kalkalım, Ömer, dedi, hafif bir rüzgâr çıktı, dondum ben.

— Hayret, ben hiç soğuk hissetmedim.

— Sen ateşli konuşmalar yapıyorsun dedi Havra uyduruk bir gülüşle, üşümezsin tabiî.

Oturdukları yer ile Havra'ların evi arasında ancak bir duraklık mesafe vardı, beş dakika sonra kapının önündeydiler. Arabadan inerken:

— Ev karanlık, annem ile babam dışarı çıkmış dedi Havra.

— Sizin çardağın altında oturalım biraz, dedi Ömer. Üşümezsen eğer.

— Geçti, dedi genç kız bizim çardak rüzgâr almaz.

Havra, babasının kendisine düğünde takmak için aldığı değerli, pahalı bilezikten bahsetmek için münasip bir zaman kolluyordu, buluştuklarından beri.

Çardaktan da görünüyordu mehtap olduğu gibi. Çiçek kokuları sarmıştı tüm bahçeyi. Ağaçların yaprakları koyu yeşil sessizlikleri içinde binbir gece masalları dinliyorlardı, yıldızlardan.

Ömer'in az önceki konuşmalara dönmemesini diledi Havra bütün kalbiyle. Oturmalı, konuyu değiştirmeli, bilezikten bahsetmeliydi bir an önce.

Genç kız, bu düşünceyle çardaktaki salıncağa yerleşiyordu ki, Ömer'in:

— Biz de kendi dînî ve millî değerlerimizi tercih edelim düğünümüzde Havra dediğini duydu. Ömer ondan atik davranmış, araya başka bir mevzunun girmesine fırsat vermeden, basmıştı tetiğe.

Bir anda çığ altında kalan genç kız, bir çıkış aradı, tek bir mantıklı cevap hatırına gelmedi; en iyisi işi şakaya almaktı.

— Ne o dedi Havra sen orkestra yerine davul, zurna mı getireceksin, def çaldırmayı mı plânlıyorsun veya?

— Öyle birşey düşünmüyorum tabiî.

Ne var ki batı usûlü düğün yapanlara İslâm'da şiddetli tehditler var.

Genç kız ayaklarını geriye alıp kaldırdı, hafifçe sallanmaya bıraktı kendini salıncakta:

— Biz yürekliyizdir, dedi şakacı halini sürdürerek, pek korkmayız öyle herşeyden.

Ömer ciddileşti, ard arda sitem çakan elâ bakışlarını, nişanlısının istihzadan başka birşey bulunmayan yüzünde gezdirdi öfkeyle. Nişanlısının İslâm hakkındaki fikirleri sadece kuru ot topluluklarından ibâretti, bir stepti. Aralarında bir küçük umut mumunun yanması mümkün olmayacak mıydı?

Genç adam kalın siyah kaşlarını çatmış, tükenmeye başlayan gayretine son bir derman araştırıyordu zihninde.

Ömer'in kızdığını farketmişti Havra, onu sakinleştirmek umuduyla:

— Son aldığımız o üç vazoyu dedi eve götürürken amcanın hanımı da benimle geldi. Herşeyi çok beğendi. "Burası Cennet'ten bir köşe" diye bağırdı sevincinden.

— Yanılıyor, bu dünyayı Cennet yapamayız bizler. Bizim Cennetlerimiz sahte. Çiçeklerinin rengi solar sonra o nefis kokuları da gider, kururlar, şiddetli bir rüzgârla parçalanır, savrulurlar etrafa, karışıp giderler toprağa.

Yağmurlar yağmazsa, sular çekilir göllerden, çakıl taşlarından ibâret kalır derelerin yatakları. Ölü deniz olur bütün okyanuslar.

İnsanların yaptığı uyduruk cennette, sıkıntı, keder, acı, ızdırab, hastalık var, bir gün bütün sevdiklerinden ayrılmak var, ölüm var, ölüm; hiç olmak var.

Havra salıncağı durdurmuştu; gözleri hayretinden alabildiğine açılmış tam bir avanak gibi bakıyordu Ömer'in yüzüne.

— Sen çok ciddisin, dedi tıslayarak.

— Evet, çok ciddiyim.

— Düğünümüz hakkında ne diyorsun?

Genç kızın şaşkın suratında açık bir alay sırıtıyordu hiç çekinmeden.

Nişanlısına kalbi burkularak bakıyordu Ömer, duygularını anlatamayacaktı, sadece o kadar da değil hiçbir şey anlatamayacaktı ona. Sırtında taşıdığı umutsuzluk yükünün ağırlığı altında, yorgun, bıkkın ve yılgın:

— Gece klubünde yapmıyacağız düğünü dedi.

— Dâ'vetiyelerin büyük bir kısmı dağıldı ama!

— Mühim değil, ben hallederim o meseleyi.

Havra birden irkildi; Ömer ile aralarına onları an be an birbirlerinden ışık hızı ile ayıran bir uzaklık girmişti, ne vakit başladığını kestiremeyeceği.

İki elini kaldırdı hızla dizlerine vurdu:

— İnanamıyorum, nasıl da böylesine değiştin, sanki sen değilsin, dedi hırçın bir ses tonuyla âdeta haykırarak.

— Evet, doğru söyledin şimdi, ben benden gittim, diye cevap verdi Ömer, masanın üzerinde yumru yaptığı ellerine bakarken.

Nereden geldi bilmiyorum ama artık bir başka ben var içimde. Ama ben o beni seviyorum Havra. O ben, çiçekleri solmayan, nefis kokuları gitmeyen, bitkileri her zaman yeşil ve taze, içinde asla keder, acı, ızdırab, hastalık, bıkkınlık, sıkıntı, ölüm hiçlik olmayan Cennet'e çağırıyor beni. Elimden tuttu kuvvetle çekiyor Adn Cenneti'ne. Direnme sen de bırak kendini İslâm'a Havra, beraber olalım.

Aynı anda üzerine keskin ucu sivri hançerler fırlatılmış gibi büyük bir can acısıyla:

— Sana güle güle Ömer diye haykırdı genç kız yılan ıslığına benzer bir sesle. Gıdımına kadar sabretmiş, tükenmişti, hiçbir şey umurunda değildi, ne kırılacaksa varsın parçalansındı. Öfkesi hınçla vuruyordu kalp kapılarını. Erikler çiçek açarken, kirazlar meyveye dururken, bembeyaz köpüklü dalgaların sahillere dağılışını seyrederken, asırlık çınar ağaçları altında edilen, ölünceye kadar birbirlerini seveceklerine, kat'iyyen ayrılmayacaklarına dâir ettikleri Afrodit'i kıskandıracak aşk yeminleri sinmiş bekleşiyorlardı endişeyle.

Havra, aniden salıncaktan indi, parmağındaki yüzüğü çıkardı, Ömer'in önündeki cam masaya yumruğu ile vurarak, yüzüğü fırlattı, attı.

— Al bunu, o bahsettiğin cennetindeki hurilere takarsın! diye bağırdı. Aynı anda elinin şiddeti ile çatlayan cam parçaları gürültüyle yere düştü.

Bir cam parçası Havra'nın küçük parmağının ucunu kesmiş, avucuna doğru hızla kıpkırmızı kan yayılıyordu.

Genç kız aceleyle ve hırsla başparmağını bastırdı kanayan yere.

— Kırık camlar, kan ve ayrılık, dedi üç senelik aşktan geriye kalan.

Genç kızın gözlerinde yaş yoktu ama sesi hıçkırıyordu.

Ömer'in olanlara şaşkınlığı yerlerde sürünüyor, genç adam, kendini toparlayamıyordu bir türlü, dumura uğramıştı bütün duyuları. Tam bir şapşal gibiydi, afallamış kalmıştı.

Havra'nın karşı çıkacağını tahmin ediyordu ancak hiç mi hiç hatırına gelmemişti böyle bir sonuç.

Yere düşüp yuvarlanarak ona doğru gelen yüzük ayaklarının ucunda durmuştu. Bunca çâresizlik içinde ma'sum bir şekilde yerde yatıyor ay ışıkları altında ışıl ışıl parlıyordu Venüs yıldızı gibi.

Ömer silkindi, çardaktan çıkıp kısa ve sık adımlarla koşarak evlerinin kapısına varmış olan genç kıza doğru uzattı ellerini:

— Havra, dur, dur, dur biraz! diye bağırdı.

Genç kız iki avucu ile birden kapı tokmağını kavrarken başını salladı şiddetle. Sarı uzun saçları dağılmış ipek demeti gibi savruldu havada mehtaba karşı, altın ışıltılar çıkararak.

— Durmam birşey değiştirmeyecek Ömer, sen ve ben, artık biz değiliz; sen sensin ben de benim.

Düğünümüzün sâdece Lâle gece klübünde olmaması meselesi değil bu yollarımız ayrıldı.

Hayal cennetlerinde bol şanslar sana!

Ağlarken çıkardığı seslerden Ömer, zorlukla anladı Havra'nın son cümlesini.

— Dinle beni Havra!

— Yeterince konuştun Ömer ve ben seni duydum. Asıl sen dinle beni kâfir değilim, Allah'ımı ben de tanıyorum. Üzgünüm ama senin uzun zamandır anlattığın gibi müslüman olamam ben.

— Sen ve ben, dedi Ömer birkaç adım daha atarak Havra'ya doğru, çok iyi anlaşıyorduk bu ilk kavgamız!

— Ve son! dedi hıçkırlarının arasından Havra.

Genç kız içeri girip tam kapıyı kapatacakken Ömer heyecanla seslendi:

— Bir dakika Havra dedi benden nefret etmiyorsun ya?

— Hiç etmedim ki diye cevap verdi genç kız Ömer'in yüzüne bakmadan.

— Ben de dedi Ömer.

Rabbinin saltanatından korkarak, azâbından kaçınmak, fâniyi verip bâkiyi almak, isyanı saadetle değiştirmek neden zor geliyordu insanlara sanki.

Dünyadan âhirete olan yolculuk için gerekli azık müslüman gibi yaşamakla elde edilecekti ancak.

Âhirette, Cennet denilen mekânlarda ebediyyen kalmak istiyorlarsa, mecburdular istikamet üzere yaşamaya.

Ömer, tekrar konuşmalıydı Havra ile daha açık anlatmalıydı ona hayatlarını dosdoğru bir yola koymalarının gerekliliğini.

Eve gelip yemeğini yedikten sonra odasına girdi telefonu eline aldı, çok sâkin bir şekilde konuşacaktı Havra ile.

Fakat öfkesi geçinceye değin genç kızı yalnız bırakmanın daha iyi olacağı geldi aklına, elini telefonun üzerinden kaldırdı, vazgeçti onu aramaktan.

Havra'yı yine sabah erkenden saat altıda arayacak, akşam yemeğini dışarıda yemeleri için hazırlanmasını söyleyecekti ona. Emirgân sahillerinde yürüyüş yapacaklardı yemekten sonra. Söylediklerinin çok mantıklı ve gerçek şeyler olduğuna inandıracaktı onu.

Havra'nın nişan yüzüğünü çardakta düştüğü yerde bırakmıştı, almamıştı, kendisininki de parmağındaydı, hayır Ömer kabul etmiyordu ayrılmayı asla ve kat'a, onlar seviyorlardı birbirlerini.

Bitmez tükenmez gibi görünen fakat yine de sona eren yarı uykulu yarı uyanık bir on saatten sonra genç adam telefonun tuşlarına bastı heyecanla.

— Alo!..

Tahmin ettiği gibi Havra'nın sesi yine mahmurdu ve çok yorgun geliyordu.

— Havra, dedi Ömer tâ ruhunun derinliklerinden gelen bir sevgi pınarı ile yüreği coşup taşarken, konuşmamız lâzım.

— Ben öyle düşünmüyorum. Havra'nın her harfi buz soğukluğundaydı.

— İnan bana iyi anlatamadım!

— Olabilir, fakat benim için duyduklarım kâfi. Bana müsaade yatıp uyuyacağım daha.

— Telefonu kapatma hemen. Bu akşam Emirgân'da yemek yemeye ne dersin.

— İşim var gelemem.

— Peki yarın akşam olsun.

— Ne bu akşam, ne yarın akşam, ne de daha sonraki akşam. Benim reddedeceğimi çok iyi bildiğin komik teklifin devam ettikçe kabul edemem hiçbir akşam.

Havra, Ömer'in tek bir söz dahi söylemesine fırsat vermeden telefonu kapadı gürültüyle.

Ömer de aynı gürültüyle koydu ahizeyi yerine. Sonra parmağındaki yüzüğü çıkardı, hınçla attı odanın ortasına müthiş bir öfkeyle.

— Bir daha seni, artık asla aramam Havra.

Benim gururumun defne dalından tacı var, diye fısıldadı, kendi kendine.

Temmuz müthiş bir sıcakla başlamış, kasaba basıp her tarafı ateşe veren Amerikan gangsteri gibi gelmişti İstanbul'a. Civar köylerdeki tarlalarda buğdaylar yere serilmişti boylu boyunca.

Sıcaktan bezmiş martılar isteksizce pinekliyorlardı sahillerdeki kızgın kayaların arasındaki kuytuluklarda.

Domatesler güneş altında kıpkırmızı olmuş, küçük küçük ateşten toplar gibi görünüyorlardı bahçelerde infilâk etmeye her an hazır.

Yerlere su dökülmüş dükkân önlerinden buhar tütmüş, duman parçacıkları geziniyordu kaldırımlarda.

Yüzü, boynu, saçlarının dibi, sırtı ter içinde kalmıştı Meloş'un; sıcağa hiç gelemez, çok rahatsız olurdu. Terli avucunda yapış yapış olmuş zinciri çekiştirdi, arkasından sekerek gelen finosuna bakmadan:

— Yürü yavrum, dedi. Canı acıyınca küçük hayvan bir iki sıçrayışta öne geçti, poposunu sallayarak sür'atlendi.

Sıcakta araba kullanmak zoruna gelmiş, taksiye binmişti Meloş, klimasız arabada çok bunaldığından, kızmış, şoföre söylenerek inmişti köşede. İndiği yerden annesine kadar olan yol ancak yüz metre idi. Mevsime göre Meloş'un gözüne çok farklı görünüyordu bu mesafe. Sonbaharda elli, kışın seksen, ilk baharda otuz, yaz başladı mı da bin metre daha uzar, binyüz metre gelirdi ona. Her adımda yolu dövercesine taşlara sert basıyor, bir iki metre gidince de:

— Of!.. diyordu yüksek sesle.

Ne olduğunu anlamak için, yere düşüp kurumuş kalmış bir karanfil parçasını koklamaya çalışan finosunu tekrar çekiştirdi zincirinden:

— Her önüne gelen şeyde takılıp, sinir etme, beni, dedi.

Annesinin evinin basamaklarının önüne gelince durdu, bir kere daha:

— Of! çekti derinden. Havlayarak, ayaklarının dibine yanaşmış olan finosuna:

— Geldik işte, dedi mızmızlanıp durma!

Çantasından çıkardığı ince, beyaz patiska, kenarları dantelli mendiliyle yanaklarını, alnını boynunu kuruladı bastırarak. Mendilini saçlarının dibinde gezdirdi, alnına yapışmış saçlarını geriye itti dikkatlice.

Sokak kapısının gerisinde holu silen Aysel hanım köpeğin havlamasını duymuştu, Meloş'un geleceğinden de haberdardı, işini bırakıp kapıyı açınca, genç kadını ve köpeğini gördü karşısında.

— Hoş geldin Meloş'çuğum, dedi.

— Hoş bulduk Aysel, lütfen şu hayvanı serin bir yere götür patladı uzun tüyleri içinde.

— Meloş, köpeklerin tüyleri onları soğuktan muhafaza ettiği gibi sıcaktan da korur bilmez misin? Üzülme o sıcaklamamıştır.

— Ben ama ter içinde kaldım sıcaktan.

Genç kadının sırtında, önü düğmeli, hiç kolsuz, yakası bir hayli açık, eteği mini, açık pembe, kareli bir elbise vardı.

Meloş düğmelerini çözdü.

— Şöyle bir rahatlıyayım azıcık, dedi.

Havra ablasının geldiğini anlamıştı ayak tıpırtılarından ve konuşmalarından. Yerinden kalktı, ablasının geçip oturduğu oturma odasına yöneldi. Meloş bir gazete parçasını yakalamış hızla yelpazeleniyordu:

— Meloş'cuğum, dedi Havra, sıcaklamanın bu derecesini kimsede görmedim ben senden başka.

— Haklısın, kendimde çevreme bakıyorum da benim gibi terleyen yok. Enişten çok kızıyor benim bu sıcaklama huyuma. Her masanın üzerinde bir yelpaze var evde. Ben neden sanki gazete ile yelpazeleniyorum. Genç kadın, gazeteyi attı, bambu kamışından yapılmış Çin işi zarif bir yelpazeyi çıkardı çantasından; hızlı hızlı savurdu yüzüne:

— Deli Temmuz, yaktı her tarafı cayır cayır, beni de!

— Cehennemin ateşi bundan sıcak Meloş.

— Bana ne?

— İyi valla, ne demek bana ne?

— Girecekler düşünsün.

— Kendini hariç mi tutuyorsun?

— Gayet tabiî!

— Sebeb-i hikmetini sorabilir miyim bunun? dedi Havra ister söyle ister söyleme edasıyla.

— Henüz ölmeye niyetim yok, tatlım.

Ben burada bunalmışım, sen oturmuş cehennem masalı anlatıyorsun bana, ne antika kızsın! Kalkta bir bardak buzlu su getir şu zavallı Meloş'a.

Elinde küçük mâdenî bir tepsiyle içeri giren Aysel:

— Ben sana daha âlâsını getirdim, buz gibi bir gazoz, dedi.

— Sağol, bizi her zaman düşünürsün, perişanlığı oynayacaktık sen olmasan.

Genç kadın, Aysel'in kapağını açmış olarak getirdiği gazozu eline aldı, boş bardağa boşaltıp bir dikişte içti.

— Oh be! dedi dünya varmış.

— Su içtikten sonra elhamdülillah diyecekmişiz Meloş ve de suyu hayvanlar gibi içmiyecekmişiz.

— Bakıyorum, keyfin yerinde Havra, nezaketi de kimseye bırakmıyorsun. Beni cehenneme sokmayı yeterli bulmadın, şimdi de hayvan ettin.

— Olaya o açıdan bakma Meloş, bâzı şeyler birikim yapmış kafamda inan.

— Kimden miras bu kalıntılar?

Genç kız cevap vermedi, ablasının bıraktığı gazeteyi aldı, katladı, gazeteliğe koydu, soruyu meşgul olarak geçiştirmek düşüncesiyle.

— Benimki de ne sual ama! Sormaya ne hacet Ömer'dendir. Kendi gitti, izleri yâdigâr kaldı. Siz ayrılalı dokuz ay doldu mu?

— Evet.

— Onca ay İngiltere'de kaldın da bir defa aramadı seni. Düşünüyorum da Havroş bir türlü hafızam almıyor, nasıl bıraktı seni bu çocuk?

— Çok basit Meloş, hiç bir zaman gerçek mânâda sevmemiş beni.

— Ama sen sevdin!

Genç kıza, onu yüreğinden vuran bir kurşun gibi geldi Meloş'un sözü. Karşılıksız olarak Ömer'i sevmiş olmak, Havra'yı sabırdan soyar, çıldırtırdı. Çok acı çekerek göğüslerdi kalbine dalgalar halinde gelen o düşünceyi. Genç kız derhal ayağa kalktı:

— Sen sütlü kahveyi seversin Meloş dedi, kahve yapayım da karşılıklı içelim.

— Annem nerede Havra?

— Banyoda, az sonra çıkar.

Genç kız bir rüzgâr gibi esti mutfağa; ters bir yön almış davranış ve konuşmalardan kaçma taktiğiydi bu onun. Sütlü kahveyi hazırlamaya koyuldu. En güzel bardakları çıkardı, kahveyi onlara boşalttı köpüğü eşit pay etmeye dikkat ederek. Bir müddette oymalı tahta tepsiyi aramakla eğlendi. Fincanların yanına birkaç tane kağıt peçete yerleştirdi.

— Havroş, bir bardakta su getir bana, gazoz suyun yerini tutmuyor.

— Oldu Meloş.

Mutfak ile oturma odası arasındaki kapı açık olduğundan biri işitebiliyordu diğerinin sesini.

Az sonra, elinde tepsiyle içeri girince; Meloş her adımda ona biraz daha yakınlaşan kardeşini seyretti önünde dikilinceye dek. Kendine güven dolu hareketlerinden eser kalmamıştı kardeşinin üzerinde. Dâima bir yaralanan oluyordu gönül ilişkilerinde. Meloş, biricik kardeşine acıdı, yüreği bur kuldu, toprağında solan mahzun bir çiçek gibiydi Havra. Her genç kıza zor gelecek olağanüstü bir olaydı düğüne birkaç gün varken ayrılmak, dâ'vetiyeler de dağılmıştı üstüne üstlük. Genç kadın olayı duyduğunda Ömer'i gırtlaklıyası gelmiş, şiddetle onaylamıştı kardeşini. Ömer'in nâdim olacağını, geri döneceğini söylemişti. Ancak, bir gün, beş gün, bir hafta, iki hafta, bir ay, derken üç ay nihayet dokuz ay olmuş, dönmemişti Ömer.

Önce Havra, sonra diğer âile ferdleri başka bir tutum sergileseydiler, daha farklı bir neticeye varılmaz mıydı acaba? Sonuç böyle ayrılık olmazdı gibisine geliyordu genç kadının. Hiç de iyi etmemişlerdi hepsi birden kasırga gibi esmekle.

— Bir şey söyleyebilir miyim Ömer hakkında dedi önlerindeki sehpaya tepsiyi koyup yerine oturan kardeşine incelikle bakarak.

— Hayır, söyleme, Ömer hakkında konuşmak istemiyorum Meloş.

— En azından şunu anlamalıyız Havroş hiç birimizin tepkisi yapıcı olmadı.

— Lütfen Meloş, Ömer mazi oldu.

— Hayatının en büyük sorununa sırt çevirmişsin, ama iş bitmemiş, seviyorsun hala Ömer'i ve acı çekiyorsun, renkten renge giriyorsun o anılınca. Bir konuşma fırsatı vermeliydin Ömer'e Havroş.

— Beni, tamamen haksız çıkaracaksın birazdan.

— Hislerine kapılarak yanlış anlıyorsun, Ömer'in de haklı tarafı vardı diyorum ben.

— Gidip yalvarayım mı ona Meloş?..

— Asla! Hiç sana böyle birşey önerir miyim canım? Sinirlenmen çok yersiz, aramızda konuşuyoruz işte. Doğal olarak insan, dertlerini paylaşmak ister sevdikleriyle. Psikologlar, sıkıntılarınızı anlatın birilerine, kimseye söyleyemezseniz bir odaya kapanın kendi kendinize konuşun diyor. İçine kapanıklıktan kurtulmalı dışa dönmelisin. Hiç farkında olmadan sevgi uzaklaştırır bizi gerçeklerden.

— Aynı şeyi ben senin için düşünürüm Meloş, eniştem ile olan münasebetlerinde.

İçeri anne girdi, içi kek dolu bir tabağı tepsinin boş olan yerine koydu:

— Kavga etmeyi ve kendi fikirlerinizi beğenmeyi bırakın kızlar, dedi.

Kekten bir parça kopardı, Meloş, onu ağzına atmadan önce:

— Narsist eğilim herkeste vardır ama, anne bende ve Havra'da çok fazladır.

— Kalıtsal Meloş, annem de, babam da pek beğenirler kendilerini.

— Kadı kızından neyimiz eksikte beğenmeyelim, kendimizi, dedi anne, şakacı bir şekilde ucu kalkık kavisli kahverengi kaşlarını çatarak.

Meloş çantasından bir paket çıkardı, açtı, içinden üçgen şeklinde olan iki börek alıp birini annesine diğerini kızkardeşine uzattı:

— Bizim evin az ilerisinde fırın açılmış bugün farkına vardım, bunları oradan aldım, dedi. Yiyin, beğeneceksiniz, çok tâze.

Anne, börekten bir lokmalık ısırdı, dudaklarını kapayarak çiğnerken:

— Hımm... yaptı, yutuncada, çok lezzetli, dedi.

— Tatlı yiyoruz, tatlı da konuşalım, şu Dr. Ayten Acar'a gittin mi?

— Evet, anne!

— Ne dedi, hayırlı haberler verdi inşaallah, Meloş!

— Erkek ve kadın ayrı ayrı olmak üzere kısırlığa yol açabilecek çok sayıda etmen mevcut olabilirmiş. Beş altı aydır korunmuyorsanız bu çok uzun bir zaman değil, dedi. Bir an önce hamile kalmak istiyorsam, tedaviye başlamalı moralimi üst düzeyde tutmalıymışım. Bir iki ay içinde hamile kalabileceğim gibi yıllarca sürecek bir tedâvi de gerekebilirmiş. Tedâvinin yıllarca da sürebilme ihtimâli çok asabımı bozdu.

— Bunu duyunca benim de canım sıkıldı şimdi, dedi anne elini kâğıt mendile sildi, sana korunmayın, demiştim, dinletemedim bir türlü. Bir tane çocuk yapacaktın, ondan sonra istediğin kadar korunurdun yavrum. Neysem ne, olan oldu, biz şimdilere bakalım.

— Ben ellerimi yıkamadan rahat edemem dedi Meloş, tepsiyi kucakladı mutfağa götürdü. On dakika sonra çıktığında Meloş'un elinde bir başka tepsi vardı. Bir tabağın içine üzüm ve erik doldurmuş, getiriyordu tepsiyle. Genç kadın, ortadaki masanın yanına geldiğinde ayağı takıldı ve tökezledi, tepsinin üstündeki tabak meyillenince kayıp yere düştü, meyveler etrafa saçıldı. Tam da Meloş'un sinirli gününe yakışan ufak bir kazaydı. Genç kadın öfkeyle yere eğildi, toplamaya başladı meyveleri.

— Sen bırak Meloş, dedi Havra ben toplarım.

Genç kız çömeldi, yuvarlanıp koltuk altlarına gitmiş üzümleri alıp, tabağa bıraktı.

Meloş ayakta olduğu halde iki elini beline koydu:

— Ben zavallı dedi, çocuğum hemen olur zannediyordum, benim de Emre'nin de önemli bir sağlık sorunumuz bulunmadığından. Ya bir çocuğum olmazsa, diyordumsa da kalbim inanmıyordu söylediğime. Kalbim aldattı beni, kazık attı bana. Güvendiğim dağlara kar yağdı. Doktor ne denli stresli biri olduğumu farketti, yarım saat nasihat etti hiç aralıksız. Sâkin ve sabırlı tavırlar ile yüksek moral tedavilere en üst düzeyde uyumu sağlarmış ve dolayısıyla hamile kalma ihtimalini en fazlaya çıkarabilirmiş.

— Kan tahlilleri, idrar tahlilleri, filimler, ilâçlar, iğneler ile uğraşacaksın bir süre dedi anne gayet düşünceli olarak.

Doktor bir an önce tedaviye başlanmasında israr ettiğine göre Meloş'da bâzı olumsuz etkenler tesbit etmiş olmalıydı, şu halde, vahimdi kızının durumu. Bir yumru tıkandı annenin boğazına, gırtlağını sıkıyor ağla, ağla diyordu, o da birden kendini bıraktı, omuzları sarsıla sarsıla ağlamaya başladı. Göz yaşı damlaları birbirleriyle yarışarak iniyordu kırışık, boyalı iri yanaklarından aşağıya.

— Fol yok, yumurta yok ortada, sen ağlıyorsun anne dedi Meloş.

— Fol da var yumurta da var daha ne olsun dedi, anne ağlamasının hızını hiç kesmeden. Bir garanti de vermemiş doktor.

— Garantiyi Garanti Bankası verir ancak anne dedi Havra, annesini güldürmek amacıyla.

— Yerinde bir espiri değil bu, dedi anne ağlamasını hafifleterek ve kirpiklerini kırpıştırarak.

Şefkatini bir sünger gibi absorbe etmişti annesinin sözleri, genç kızı, buruk bir tebessümle:

— Her zaman isabetli espiriyi 40 yıllık komedyenler dahi yapamıyor anne dedi, televizyonlarda ne durumlara düşüyorlar halkın karşısında; esprilerine güleceğimize hallerine bakıp atıyoruz kahkahaları. Anne çöktüğü yerden doğruldu, belini dikleştirdi sonra:

— Öyle alıngan oldun ki Ömer'den ayrıldığından beri, sözleri, altın terazisinde tartarak konuşmak gerekecek seninle, dedi.

— Konumuzla ne alâkası var Ömer'in anne, biz ablamın bebek meselesini görüşüyorduk.

— Orası öyle de huyların çok değişti, ben onu söylüyorum.

— Valla hepimizin sinirleri bozuk dedi Meloş annesi ile kızkardeşinin konuşmaları arasına girerek. Kızkardeşine yaklaştı bir eli ile yanağına şakadan bir cimdik attı:

— Annem doğru diyor Havroş, Ömer, senden çok şeyi alıp, çekti gitti hayatından. Birçok geceler belki de ağlıyorsundur yatağında, gündüzlerini de zifiri karanlığa boğuyorsun. Sinemaya, tiyatroya gitmez oldun, arkadaşlarınla az görüşüyorsun, yüzün gülmüyor, sana ne zman baksam gözlerinde hüzün.

— Ne biçim sevgi seninki kardeşim? Gözlerini devamlı kalbine dikme! Ömer'in hayaline konsantre olma, aşkının gür akışında öleceksin, kurtar kendini! Antoine Bret "Aşkın ilk soluğu, mantığın solu soluğudur" der. Silkele kendini, kurtul bu sevgiden, mantıklı hareket et.

— Ah! Meloşcuğum, ne güzel nasihat ettin, ben desem dinlemeyebilir. Havra şu hâli üstünden atabilse, sen de bize bir erkek torun versen, ne sevineceğim, gülistanlık olacak hayatım. Eltimin iki tane birden erkek torunu var, delikanlı olmuşlardı bayramda gördüğümde.

— Aman anne, Rabia yengenin kıskanılacak yeri mi var? Kendisi kaç senedir dul kadın, öksüz ve yetim iki erkek çocuk büyütüyor, kolay mı zannediyorsun bunu sen? Asîl karakterli bir kızdır Meltem, çocukların bakımında annesini yalnız bırakmaz, o haliyle de onu kimse almaz, evde kaldığı kesin. Rabia yenge yaşlı ve hasta kadın, çocuklar birer küçük canavar, Meltem onların arasında gönüllü bir dalgakıranlık yapıyor.

Bayramda ben de karşılaştım onlarla, çocukların hareketleri diken gibi battı gözüme.

— Tevbe de, onlardan beter bir oğlun olursa ne'dersin?

— Erkek çocuktan bahsediyorsun anne dedi Meloş gözlerini açarak, erkek çocuğa karşı bir özlem mi var içinde.

Anne, anlamlı bir bakışla iki kızını ayrı ayrı süzdü:

— Sizden evvel ben, dedi iki düşük yaptım. Birini evlendiğimden sekiz ay sonra düşürdüm; dört aylık erkek çocuktu. Aradan iki sene geçmeden de altı aylık bir erkek çocuk daha düşürdüm.

— Bugüne kadar bundan hiç bahsetmedin bize, özel olarak gizledin mi nedir anne?

— İnsanoğlu bazı şeyleri, gönül kutularında saklar Meloş. Yeni gelinliğimi bilememiştim düşüklerimin arkasından ağlamaktan.

İlk çocuğum kız olsaydı ismini Meliha, erkek olsaydı Mehmet koyacaktık, kısmet olmadı. Bu isimleri ikinci çocuğumuza sakladık, çocuk yine düştü ismi hatıra kaldı. Sen benim üçüncü çocuğumsun, sana nasib oldu Meliha ismi.

— Kırılma anne ama, ismimi hiç sevmem.

— Anneannenin ismiydi kızım.

— Olabilir anne, onca modern isim dururken sen git mezarda yatan birinin adını koy, neymiş anneannemmiş, ölüü...p gitmiş öbür tarafa.

— Biz de ölü...p gideceğiz.

— Ben inkâr etmiyorum ki bunu. Benim kızdığım ölmüş anneannemin ismini koyman.

Anne çok sinirlenmişti, kurşûnî bakışlarıyla iğneler batırdı kızının kalbine:

— Anneme karşı saygılı ol Meloş, dedi, buz gibi bir ses tonuyla.

— Allah, Allah, neyi saygısızlık Meliha isminden hazzetmemenin. Bir oğlum olursa Mehmet ismi düşünmüyorsunuzdur inşaallah.

— Düşünmez olur muyuz? O da babanın dedesinin ismi. Baban, dedesini çok severmiş onun ismi yaşasın istiyor soyumuz boyunca.

Bizler ecdadımızın sulblerindeydik, bizlerden sonra zürriyetlerimiz kalacak.

Baban torununun ismini Mehmet koymak isterse ne diyeceksin?

— Bi'şey demeyeceğim, dedi Meloş hırsla.

— Havv. Hav.

— Miyavv. miyavv...

Ana ve iki kızı şaşırarak yüzlerini kapıya çevirdiler hayvan seslerini duyunca.

Bir koltuğunun altında kedi, diğer koltuğunun altında köpek olduğu halde Aysel kapının eşiğinde duruyordu, ekşi bir suratla.

—Miyavv... miyavv, miyavv...

— Hav, hav... havv...

Daha çok havlamaya başlamıştı iki hayvanda sâhiplerini görünce, yere inmek için çırpınıyor, kafalarını kaldırarak kurtulmaya çalışıyorlardı Aysel'in kollarından.

— Bir şey mi oldu dedi Havra, ayağa kalkıp kedisine doğru yürürken.

— Daha ne olsun fino bizim Minnoş'u ön bacağından ısırmış, Minnoş da finonun arka bacağından birini dişlemiş.

Ben çamaşırları sererken azıcık güneşlensinler diye terasa çıkarmıştım onları. İyilik de yaramıyor bunlara, yere bırakınca saldırıya geçtiler birbirlerine karşı.

Meloş iki eli ile birden finosunu tuttu, aldı, bacağına baktı, kanıyordu.

— Bunların ikisini de veterinere götürmeliyiz derhal dedi, başımıza bir de kuduz işi çıkmasın.

— Adı üstünde kedi-köpek, duramıyorlar kavga etmeden, dedi Aysel, ellerini sinirli bir şekilde ovuşturarak.

— Onların hayvan olarak yaptığını biz de burada insan olarak yapıyorduk Aysel, dedi anne hepsini şaşırtan bir sâdelikle.

Meltem, çocukluğundan beri yürümeyi severdi ve yürürken düşünmeyi ya da hayal kurmayı. Hayal kurmaya veda edeli çok olmuştu ama düşünmeyi imkânsızdı terketmesi. Ayrıca bir sinema san'atçısını kıskandıracak roller üstleniyordu tek bir gün içinde. Ders çalıştırırken öğretmen, gezmeye götürürken ağabey, alış-verişlerinden abla, oyun oynarlarken arkadaş, yemek yedirirken anne, şımardıkları zaman da anneanne idi yeğenlerine.

Çok şükür iki çocukta başarılı idiler derslerinde ve annebabalarını hatırlamaz olmuşlardı, babaannelerinin ve Meltem'in şefkatli kollarında.

Amcası ve Havra çok sık olarak yaşlarına göre oyuncaklar getiriyorlardı kucak dolusu, genç kız bundan dolayı minnettardı onlara.

Çok seyrek olsa da annesinin de onunla beraber gittiği oluyordu amcasına. Havra'nın düğününe birkaç gün kalmışken vuku bulan ayrılık meselesi etkilemişti onu. Havra'nın çeyizini, gelinevinden toplarlarken annesinin gözlerinin yaşardığını görmüştü Meltem. Ne zaman Havra'dan bahsedilse "Kızın işi, gelin ata binmiş yâ kısmet oldu" diyordu.

Havra telefonda ağlayarak vermişti Meltem'e ayrıldığının haberini.

— Kerâmet gösterdin, Ömer ile ayrıldık, demişti, bu sözünün amca kızını pek çok üzebileceğini düşünemeden.

Olayı bir gün sonra öğrenen amcası Vezüv gibi püskürerek, telefonda Ömer'e:

— İtoğlu it kızımı niye oyaladın bu güne kadar, gidip köyden bir kız alsaydın ya diye bağırmıştı. Erdal beyin "İtoğlu it" dediğini oğlundan duyunca Aydın Zobu çok kızmış, derhal telefon açmış, "Beni ve oğlumu köpek yapan herifin kendisi eşşekoğlu eşektir", demişti dünürüne.

Halkı, güzel bir iklimi ile muhteşem evler içinde yaşıyorken Pompei'nin lav ve kül tabakası altında kalarak ortadan kalkması gibi ayrılıkları müthiş olmuş, iki âilenin ancak yarım saat süren söz düellolarından sonra herşey simsiyah katı bir karanlığa bürünmüştü ansızın.

Ortada hiçbir barışma ümidi bırakmadan kapanmıştı evlilik olayları. Havra birkaç gün içinde hazırlanmış Londra'da oturan teyze kızının yanına gitmişti.

Yeşilköy havaalanında vedalaşırlarken Havra:

— Binlerce kilometre uzağa gidiyorum, ama Ömer'e olan nefretim kalbimde benimle geliyor demişti yaşlı gözlerle Meltem'e. Aylarca kalmıştı orada Havra. Geldiğinde de:

— Şimdi de Ömer'e olan nefretim canevimde Meltem, "Gözden ırak olan gönülden de uzak olur" derler, hayır, hiçte öyle değil demişti.

Meltem amcasının sevgili kızının elini avuçlarının arasına almış:

— Hele bir yedi sekiz ay daha geçsin unutursun, bu nefretin silinir kalbinden demişti.

— Nefretim için zaman sınırı koyma yanılırsın Meltem, diye cevap vermişti Havra.

"Hayat bir oyundur; yüzde yüz kazanma şansının yanında aynı oranda kaybetme ihtimali de vardır her zaman..." demişti Meltem Havra'ya dâ'vetiyeyi getirdiği zaman. Böyle söylememiş olmayı kaç kereler istemişti genç kız. Bir vicdan rahatsızlığı duyardı kalbinin derinliklerinde o sözleri her hatırlayışında. İşte gene hatırlamış, gene titremişti içi. Genç kız oturduğu çalının dibinde büzüştü, hırkasına sarındı sıkıca.

Gece balık avına çıkmış, artık geri dönen balıkçı motorlarının sesleri geliyordu.

Güne başlamanın sevinciyle martılar, kahkahalar atarak yayılıyorlardı sahillere. Ve topraklar üzerinde o gizemli sesi dalgalanıyordu denizin. Doğa, koro halinde şarkılar söyleyerek selâmlıyordu sabahı. Seher zamanıydı, henüz güneş her yere döşememişti ışınlarını. Meltem çok seviyordu sabahın bu erken saatlerini.

Güzel havalarda evden çıkar, gelip şimdiki yerine otururdu. Hemen hemen hiç kimse olmazdı bu saatlerde.

— Affedersiniz bir dakika bakar mısınız?

Ses hemen arkasından geliyordu, kendisine hitab edildiğini anlamıştı Meltem. Sıkıntıyla yüzünü arkaya döndürdü. İyi kesimli kahverengi tüvit elbise giymiş, uzun boylu, sakallı genç bir adam, kaldırım kenarında durmuş, Meltem'in dönüp kendisine bakmasını bekliyordu.

Saçları simsiyah ve hafif kıvırcıktı, elinde küçük bir bej renk çanta tutuyordu.

— Evet, baktım, dedi Meltem kaşlarını çatarak, adamı terslemeye hazır bir şekilde.

— 14 numarayı arıyorum, beyaz renkli bina olması gerekir bana tarif edildiğine göre. Oysa 14 numaralı ev sarı boyalı. 13 numaralı ev beyaz renkli.

— Birkaç gün önce numaralar değişti, dedi genç kız aklından bu adamın Zehra ninenin oğlu olabileceği geçerken. Bu adam eğer Alpay Güven ise soy ismi gibi insana itimad telkin eden bir görünüşü vardı. Genç adam, Meltem'in omuzunda tuttuğu hırkasını, ayağındaki sandaletleri gözden geçirerek:

— Siz, dedi bu sokakta oturuyorsunuz yanılmıyorsam.

— Evet, 14 numarada.

— Yâ, ben Zehra ve Ahmet Güven'in oğlu Alpay Güven'im demek bizim numarada oturuyorsunuz siz.

Genç adam konuşurken yüzünde geniş bir tebessüm ışıldamış, beyaz iri hafifçe çarpık dişleri parlamıştı.

Meltem, genç adamın gülümsemesine karşılık vermeye çalışarak:

— Hayır, dedi siz bizim numarada oturuyorsunuz, önce sizin numarayı değiştirdiler çünkü.

Meltem âniden sustu başını öne eğdi, utanmıştı sabahın bu saatinde ilk defa tanıştığı bir adamla şakalaşmaktan. Hem de Alpay Güven'in bakışlarında ve tebessümünde genç kızı heyecanlandıran ve sersemleten birşeyler vardı hiç de yakışıklı biri olmadığı halde.

— Bir süpriz yapmak istedim, geleceğimi bildirmedim anne ve babama, dedi genç adam. Meltem az daha:

— Bana da süpriz oldu diyecekti fakat kendini tuttu.

Zehra ninenin asil bir katırdır dediği oğlunun hiç hatırına gelmemişti böylesine efendi görünüşlü biri olabileceği.

Nedense onu Zehra nine gibi şişman, Ahmed dede gibi de kısa boylu tahayyül etmişti.

Genç kız birkaç derin nefes aldı rahat konuşabilmesi için, sonra gayet resmi bir ses tonu ile:

— Sevineceklerdir sizi görünce, dedi.

— Bir şey sorabilir miyim? dedi genç adam bir ayağı kaldırıma dayanmış olarak:

— Tabiî.

— Siz annemin bana telefonda bahsettiği Meltem misiniz acaba?

Genç kız Zehra ninenin oğluna neler demiş olabileceğini aklından geçirince kızardı. Zehra nine onlara her misafirliğe gelişinde Meltem'den gözlerini ayırmaz, hiç çekinmeden: "oğlum, kaçıracak, benim asîl bir katır olan oğlum kaçıracak" diye söylenirdi çünkü.

— Annenizin hangi Meltem'den size söz ettiğini bilemem fakat benim ismim Meltem, dedi genç kız, utana sıkıla.

Alpay Güven özür dilercesine gülümsedi, bir hayli ağır görünen çantasını bir elinden diğerine geçirirken.

Alpay, yeni aldıkları evi görmek o Meltem ismindeki kıza görücülüğe gitmeyeceğini, asla evlenmek niyetinde olmadığını anne-babasına söylemek için gelmişti İstanbul'a birkaç günlüğüne.

Gözlerine inanamaz gibi aval aval bakıyordu Meltem'e, Alpay Güven.

Genç kız sanki doğanın bir parçası, dört mevsimde açan bir kır çiçeğiydi, insanın ayak basılmamış vadilerde gezerken tesadüf ettiği.

Meltem, kendisini kobay gibi hissetmeye başlamıştı; ve onu mercek altına alan bakışlardan hoşlanmazdı oldum olası, üstelik paniğe kapılırdı. Yine öyle oldu bir ok gibi fırladı yerinden, umduğundan da soğuk bir sesle:

— Annem kahvaltıya bekler, ben gideyim, dedi.

Genç kız öne doğru atıldı, Alpay Güven'in önünden bir ceylan gibi süzülüp geçti, kapıyı itti, bahçeye girdi. Hiç eğlenmeden aynı hızla koştu eve giden patikada.

Annesi pencere kenarındaki koltuğa oturmuş dizkapaklarını oğuşturuyordu tembel tembel.

— Ne o erken döndün dedi bugün gezinden?

Kızının pembecik olmuş yanaklarına şefkatle bakıyordu anne.

— Ne alacağımızı, öğleye ne pişireceğimizi kararlaştıralım bir an önce diye döndüm anne, dedi genç kız. İyi oluyor bu işleri erkenden halletmek, telaşlanmıyoruz yemek zamanı.

— Doğru kaç gündür, öğle yemeğini saat $15.^{00}$'te yiyoruz ancak. Bu gün özene bezene bir yemek yapalım, İzmir köfte yapsak ne dersin?

— Oldu, tamam anneciğim çocuklar seviyor o yemeği, biz de seviyoruz.

Genç kız annesinin yanından ayrılıp odasına girince henüz dağınık olan yatağının üzerine çöktü, kendini kafasında cirit atan düşüncelere bıraktı.

Az önce annesine yemeği kararlaştırmak için erken döndüğünü söylemişti; ancak pek doğru değildi bu. Düşündüğü en son şeydi ne yemek yapacakları aslında. Başka yerdeydi onun kafası, ismini birçok defalar duyduğu ama kendini ilk defa gördüğü bir genç adamda, Alpay Güven'deydi.

Onun tebessümü, dik duruşu, hayret dolu bakışları, hayalinde, kalp dallarının üzerinde kuşlar gibi geziniyor, hiç aralıksız şakıyordu.

Genç kız sırt üstü yatağına uzandı; gözlerini tavana dikti, kesindi bu, hoşlanmıştı Alpay Güven'den.

Meltem gülümsedi, birçok hayaller ard arda sıralanmış itişip duruyorlardı kendi aralarında gözünün önüne gelmek için. Hayal dünyası gür bir şekilde başlamıştı çalışmaya, kalbi ise çılgınca çırpınıyordu mutluluğa kanat açmak için. Ancak acı çekmek istemiyorsa mutlaka hâkim olmalıydı duygularına her an.

— Hala! seslenen Gökhan'dı. Meltem, sesini duyurmak için:

— Efendim, diye bağırarak cevap verdi.

— Hala! bu kez de Oğuzhan sesleniyordu. Genç kız yataktan kalktı, salona geçti, yatak odalarının kapısından içeri bakarak:

— Geliyorum, çocuklar siz yavaş yavaş hazırlanın, dedi.

Mutfağa geçti, kahvaltı sofrasını hazırlamaya başladı. Çocukların okullarının tatil olmasına bir hafta kalmıştı; ikisi de kendiliklerinden uyanıyorlardı o sevinçle. Giyinirlerken, yemek yerlerken bir problem de çıkartmıyorlardı.

— Kapının yanına gidin şimdi, dedi Meltem çantalarını ellerine verirken Oğuzhan ve Gökhan'a. Şoför amcayı şaşırtın bugün de siz bekleyerek servis arabasını.

Oğuzhan önde, Gökhan arkada koşuşarak çıktılar kapıdan.

— Hala!

— Hala, hala!

— Ne var dedi Meltem, başını pencereden uzatarak.

Gökhan ve Oğuzhan ikisi birden:

— Şoför amcaya çiçekte verelim daha çok şaşırır, dediler.

Çocuklar gerçekten sersemletiyorlardı insanı bazen. Meltem bahçeye indi papatyalardan iki küçük demet yaptı çocukların ellerine tutuşturdu.

Bu ara servis arabası da gelmişti.

— Şoför amca bak sana ne getirdik, diye çocuklar sıra ile arabaya binerlerken Meltem eve girdi.

— Bu çocuklar koyundan süt sağar gibi sağıyorlar her istediklerini yaptırıyorlar sana, dedi Rabia hanım, pencereden ayrılmadan. Çocukların servis arabası sokağın sonunda gözden kayboluncaya kadar arkalarından mutlaka bakardı her sabah.

— Seni de anneciğim, dedi Meltem mânâlı mânâlı.

— Doğru dedi Rabia hanım gelip deminki yerine oturdu. Daha bir canlı ovuşturdu diz kapaklarını.

— Onlar tarafından sağılmaktan hoşlanıyoruz da göz göre göre dedi.

Ana-kız aynı anda gülüştüler.

— Geçen sene ne bahardı bu sene ne bahar dedi, Rabia hanım dışarıya bakınarak. Erkenden geldi, hoş geldi, inşaallah bir oyun oynamaz bize. Bir hınzırlık etmezse bahar, erik ve kiraz dalları yerlere sarkar bu sene meyve bolluğundan.

— Zırr... Zırr...

— Telefon çalıyor Meltem.

— Evet, duyuyorum anne.

— Niye açmıyorsun kızım?

— Yanlış numaradır, kimse aramaz bizi bu saatte, kesilir şimdi.

— Zırr... Zırr...

— Yavrum, kesilmedi, bir bakıver.

Meltem, çocukların dağınıklıklarını topluyordu, hepsini bir eline alarak diğer eli ile ahizeyi kaldırdı:

— Alo.., dedi.

— Ben, Zehra.

— Merhaba Zehra nine.

— Annen kalktı mı?

— Evet, burada, yanımda.

Genç kız ahizeyi sehpanın üzerine bıraktı:

— Anne, dedi Zehra nine seni telefona istiyor.

Rabia hanım dizlerini tutmaya devam ederek ayağa kalktı:

— Kadıncağız bu saatte niye arıyor acaba beni, diyerek telefona doğru yürüdü.

— Alo, Zehra hanım, hayırdır inşaallah.

— Sizi rahatsız ettim amma hayır bir haberim var, Alpay geldi.

— Gözün aydın, haydi gözün aydın.

— Rahatsız etmezsek, oğlumu sizinle tanıştırmak istiyorum bugün bir yere gidecek misiniz?

— Hayır, evdeyiz bir yere gitmiyoruz, buyrun.

— Telefon biraz erken oldu, rahatsız ettim sizi bu saatte.

— Ne demekmiş sizi bu saatte rahatsız ettim, üçüncü oldu söylüyorsun, takma kafana. Kafana çiçek tak, bu sabah bahçelerimiz pek güzel, erkenden şöyle bir dolaştım ben.

— Gelince konuşuruz.

— Tamam, tamam, bekliyoruz.

Rabia hanım bir on dakika kadar telefonun yanında eğlendi.

Alpay gelmişti ve Zehra nine Meltem ile bir kez görüşmeleri için oğlunu getirmek istiyordu onlara.

Oğlunun gelmesinden duyduğu sevinçle hiç de uygun olmayan bir saatte açmıştı telefonu kendisine hakim olamayarak. Konuşma müddetince de özür dilemişti sık sık. Öyle görünmese de çok duygusal bir kadındı şu Zehra nine.

Rabia Hanım birçok defalar öylesine dinlediği olayla yüz yüze gelmişti şimdi, kalbi pır pır ediyor, karmaşık düşünceler uçuşuyordu aklında.

Zehra nineye "Buyrun gelin" demişti fakat, büyük bir şaşkınlık geçiriyordu şu an. Yoğun bir soru atmosferi içinde kalmıştı kendi kendine; birbirlerini beğenecekler miydi? Çocuklar ne olacaktı? Alpay Güven'in işi Belçika'da idi, evlenirlerse oraya mı giderlerdi buraya mı yerleşirlerdi?

Meltem, dışarı çıkmış, gezetecinin kapı önüne bıraktığı haftalık dergisini almış, gelmişti. Annesinni önünde durdu:

— Ne diyor?

— Belçika'dan birkaç günlüğüne oğlu gelmiş.

— Biliyorum.

— Biliyor musun, nereden?

— Sabah, kapının önünde otururken, görmüştüm, evi arıyordu.

— “Bu deli kız sabahın ayazında ne yapıyor?” demiştir belki seni görünce.

Meltem, ayakta dergisinin sahifelerini çeviriyor, başlıklara göz gezdiriyordu.

— Belki de “akıllı bir kız gecenin içinden gündüzün doğuşunu seyrediyor” demiştir anne dedi kendine güvenle Meltem.

Çok güzel manzaralar seyrediliyor benim oturduğum yerden.

Rabia Hanım, kızının bakışlarını yakalamak için başını onun yüzüne doğru eğdi, yavrusunun Alpay’ı beğenip beğenmediğini öğrenmek istiyordu.

— Zehra nine bize oğlunu çay içmeye getirmeyi teklif etti, ben de kabul ettim, saat üçte burada olacaklar, Sence de bir sakıncası yok ya Meltem- diye sordu merakla.

Genç kız dergiyi bıraktı, annesine döndü, tek kelime ile cevap verdi:

— Hayır.

Meltem’in yüzü bir maske gibi donuk, bakışlarıysa bir bilmeceydi, hiçbir mânâ çıkaramadı Rabia Hanım dikkatle bakmasına rağmen. Merakına ve mevcût sorunlara tek başına projektör tutmasının bir anlamı yoktu, kısmet neyse netice o olacaktı şüphesiz. Bekleyecekti Rabia Hanım sabra sığınarak.

Pek çok çile çektiği halde, içinde bir çocuk yatıyordu, mızmızlanan, çabucak heyecanlanan, biran önce netice almak isteyen, huysuzlanan, direnen, tepinen...

Aradan ancak bir yarım saat geçmişti ki yine telefon çalmıştı. Zehra Hanım bu kez de:

— Üçte değil de saat ikide gelsek olur mu? Bir aksilik çıkmasından korkuyorum, diyordu titrek bir sesle.

Rabia Hanım güldü, Zehra ninenin kalbinde de bir çocuk yatıyordu:

— Çocukluk etme, birşey çıkmaz evvelallah, dedi.

— Sizce bir mahzur yoksa biz yine de saat $14.^{00}$'de gelelim komşum, yerimde duramıyorum ben.

— Bizim için saatin önemi yok, evdeyiz, kaçta isterseniz buyrun dedi Rabia Hanım.

Telefonu kapatınca evi derleyip düzenleyen kızına seslendi:

— Meltem, yavrum, alelacele toparla evi; Zehra hanım tekrar telefon açtı, saat $15.^{00}$'te değil $14.^{00}$'de geleceklermiş.

Kadın, çocuktan daha çocuk oldu saat $13.^{00}$'de de gelebilir. Sonra anladığım kadarıyla oğlan seni beğenmiş, doğrudan istemeye geliyor bunlar.

Tahmini doğru çıktı Rabia hanımın, saat bire beş dakika varken kapıdan içeri giriyorlardı, anne önde oğlu arkada. Büyük bir kutu çikolata ve beyaz güllerden müteşekkil koca bir demette çiçek getirmişlerdi beraberlerinde.

Meltem, teşekkür ederek çiçekleri aldı, onları bir vazoya yerleştirerek getirip masanın ortasına koydu. Bol beyaz güllerle bir bayram şenliği sarıverdi salonu.

Koyu gri elbise giymiş olan Zehra Hanım, parmağına geçirdiği yüzükleri, beyaz yılan derisi terlikleri ile pek şıktı; Meltem ilk defa görüyordu onu böyle. Alpay Güven de saçlarının siyahını daha da meydana çıkaran bej renk takım elbise giymişti.

İkram esnasında rahat hareket edebilmek için genç kız sırtına eteği bol kloş, üst kısmı bedenine sıkıca oturan sarı ipek keten elbisesini geçirmişti. Meltem, çayları hazırlamak için mutfağa geçtiğinde Zehra ninenin:

"Komşum daha bir dakika duramayacağım, Allah'ın emri, peygamberin kavli ile, Meltem'i oğlum Alpay'a istiyorum ne dersin?" dediğini, annesinin de "Zehra Hanım ne kendin acele et, ne de bizi acele ettir, bir düşünelim" dediğini duydu.

Çaylar içilir, kekler yenilirken, Rabia Hanım, işi hakkında, bir sürü sual sordu, Alpay Güven'e, sanık sandalyesine oturmuş bir suçluyu sorguya çeker gibi. Meltem çok utanmıştı bundan; Alpay ile bahçeye indiklerinde onu kendi haline bırakmış, gidip havuzun kenarındaki banklara karşılıklı oturuncaya kadar sessiz kalmıştı.

Birçok çiçek çeşidinin ve her mevsime âit bir iki meyve ağacının bulunduğu bahçeyi beğenmişti Alpay Güven:

— Bu karanfiller, sardunyalar, ortancalar ve kasımpatılar dedi tüm güzellikleri ile kimbilir kaç senedirsüslüyorlardır şu bahçeyi. Dâimi ömürlü çiçeklerdendir onlar; kışın bozulsalar da yazın yine sürerler.

— Çiçeği seviyorsunuz galiba.

— Evet, severim, Belçika'daki evimde etrafı bodur fidanlarla çevrili küçük bir bahçem var.

Mevsimlik çiçek olarak nergis ve yaz papatyası ekerim oraya. Dâimi ömürlü çiçeklerden de Zambak ve sümbülü tercih ederim.

Meltem onun Brüksel'de büyük bir havlu mağazasının sahibi olduğunu biliyordu, Anvers'te de bir şubesini açtığını söylemişti içeride konuşurlarken.

Genç kız konu bulmanın sevinci ile:

— Belçika'ya gidip orada yerleşmek zor olmuştur muhakkak, dedi.

— Ben zoru severim, yaşamım da zorlu geçti; onaltı yaşıma kadar kendi ayakkabım olmadı, kardeşimden kalan eski ayakkabıları giydim. Çalışarak okudum. Korkmadan girmek lâzımdır hayatın engebeli yollarına. Bir kaçış yeri oldu Belçika benim için karımdan ayrıldıktan sonra. Karım sınıf arkadaşımdı, aynı sıraları paylaşmıştık yıllarca, ortak bir geçmişimiz vardı, hatırladıkça beraber güldüğümüz ya da beraber öfkemizin tazelendiği.

Filim aşkı yaşamıyorduk ancak sevmiyor da değildik birbirimizi. İstikrarlı bir evlilikti bizim ki. Üniversitede dört sene arkadaşlık ettik, evliliğimiz bir sene sürdü.

— Neden? dedi Meltem genç adamı incitmekten çekine çekine:

— Çocuk meselesinden. Benim çocuğumun olmayacağını öğrendiğimiz gün aldık ayrılma kararını, birbirimize güç vermek için el ele otururken. O benden sonra evlendi; kızı var üç tane. Çocuğu çok seviyordu eşim.

— Yalnız mı yaşadınız bunca senedir Belçika'da?

Genç kız kıpkırmızı olmuştu bunu sorarken, çünkü, kadın arkadaşı olup olmadığını araştırıyordu açıkca.

— Ben flörtçü bir erkek olmadım hiçbir zaman, bu hususta hödük sayılırım. İslâmiyet'e yönelmeden önce, hiç namaz kılmamış, hiç oruç tutmamış, hiç bir emri yapmamış, hiçbir nehiyden kaçınmamıştım ama çok şükredeceğim birşeyim oldu Rabbime karşı. Hiçbir kadın veya kızla eğlenmemiştim, oyalamamıştım, aldatmamıştım kimseyi. Kadın-erkek ilişkilerinde sağlamcıyımdır.

Sonuçsuz ilişkilerle acı vermek ve hırpalamak istemem ne kendimi ne de bir başkasını.

Alpay Güven'in sözlerini bitirmesini sabırsızlıkla beklemişti, Meltem, susunca daha:

— Siz namaz kılıyor musunuz? diye sordu duyacağı "evet" sözüne inanası gelmeyerek. Anneniz bundan söz etmedi hiç dedi, "bana yalan söyleme" der gibi.

Alpay sesinin fazla çıkmaması için kalın, parmaklarını dudaklarının üstüne koydu, çok içten güldü:

— Annem de babam da hayatlarında namaz kılmamışlardır, dedi, fakat hergün namaza başlamak niyetindedirler, ümitleri hiç kesilmeden. Alpay, hayatının her yönünü büyük bir rahatlık ve sâdelik içinde anlatıyordu, genç kızın açık yeşil gözlerinin büyülü serinliğinde. Öğle güneşi vuruyordu Meltem'in yüzüne, gözlerini kırpıştırıyordu arada. Genç adam susmuş, Meltem'in açık yeşil renk gözlerindeki küçük çizgi kıvrımlarına benzeyen koyu bal rengi beneklere dikmişti bakışlarını:

— Biliyor musunuz dedi, veya söyleyen oldu mu size hiç, gözlerinizde sanki Kur'ân harflerinden serpiştirilmiş.

— Bilmiyorum, böyle bir şey söyleyen de olmadı, dedi Meltem, sevinçle.

Evlerinde Kur'ân yoktu, fakat onun Allah tarafından gönderilmiş bir kitap olduğuna inanıyordu Meltem.

Gür bir gülüş oturdu genç kızın yüzüne, çok çok memnun olmuştu bu habere. Sevimli buluyordu, namaz, oruç, Kur'ân gibi dînî kelimeleri, İslâm'ı yaşayanlar saygı uyandırıyordu onun kalbinde.

Anvers'teki dükkanında bulunduğu bir gün bir arkadaşı telefon etmiş, dünyaya meş'ale tutan bir zat görmek istiyorsan atla uçağa Münih'e gel demişti.

Alpay, onun davetini kabul etmiş, hemen Almanya'ya gitmişti birkaç günlüğüne. O muhterem zâtı ikindi vakti dinlemiş, aynı günü akşamı da namaza başlamıştı.

Meltem, Alpay Güven'in üstünde bıraktığı o garip ve hoş etkiye karşı direnmekten vazgeçmiş, pür dikkat dinliyordu onu.

— Kimmiş o Zât dedi kendisinin de onu görme arzusuyla.

— İsmâilağa Câmii'nin imamı, Mahmud Hoca.

Hayatımda rastlayabileceğim en olağanüstü bir durumla karşılaşmıştım, iki gün sonra zikir dersi de aldım Anvers'e dönmeden önce, bunu da söylememiştir annem.

Alpay'ın da Ömer gibi İsmâilağa ile ilgili bir macera yaşamış olması ne rastlantıydı.

— Hayır, hiç bahsetmedi böyle birşeyden. Ama siz ne çabuk karar vermişsiniz zikir dersi almaya, dedi Meltem.

— Aceleci adamımdır.

— Ben değilim, dedi Meltem, bankın gölgede kalan kısmına geçerken, enini ve boyunu hesaplarım herşeyin.

— Bir beis yok benim için beklerim, eğer evlenme teklifimi düşünerek böyle diyorsanız.

Buna şiddetle itiraz etmek için Meltem ağzını açmıştı ki derhal kapattı tekrar, Alpay Güven'in gülüşünden onun şaka ettiğini anlamıştı. Ancak zekice bir şakaydı; kendi meselelerine de girmiş oluyorlardı böylelikle.

— Benim ile evlenmeyi düşünen dedi Meltem nikâh defterine imza ettiği an, ik çocuk babası olacak.

— Bu beni sevindirir. Dünyanın en iyi baba adayı değilim, bir yavrum olmadı çünkü, ama bir çocuğumun olmasını çok istedim her zaman.

Her gün binlerce çocuk dünyaya geliyor, bir tanecik de benim olsun arzu etmiştim. Şimdi iki tane kocaman oğlum olacak.

— Bu boğuşmak mecburiyetinde kalacağınız problemler yığını demek ama!

— Rudyard Kipling "Eğer felâket ve mutlulukla yüzleşebilir ve bu iki sahtekârı aynı surette karşılayabilirsen" der, insanın adam olma şartlarını sıralarken.

Ve ayrıca kanımca çok sıkıcı olurdu düpedüz bir yaşam, seviyeli bir hayat kolay ve ucuz değildir.

Annem pencereden arabaya binerlerken gösterdi bana çocukları, çok sevimliler; onlara elimi salladım ama görmediler beni.

Genç adam gerçekten önemle duruyordu çocuklar konusunun üzerinde, hiç sıkılmıyordu onlar hakkında konuşurlarken.

Samimiyet dolu yaklaşımı ile mahrum oldukları baba şefkatini verecek gibi görünüyordu onlara. Alpay Güven'in çocukları olacaktı, Gökhan ile Oğuzhan'ın da babaları. Garip bir şekilde rahatladığını hissetti Meltem. Genç adamın egoist bir insan olmadığı da anlaşılıyordu insanlarla olan ilişkilerinden bahsederken. Almayı değil vermeyi seven biriydi. Akrabalık bağları da kuvvetliydi; senelerce biriktirdiği parasının tamamını anne-babasına göndermiş onların bir ev satın almalarını sağlamıştı mutlu olmaları için.

Genç adam yakışıklı sayılmazdı, yakından bakınca cildinin bozuk olduğu farkediliyordu, dudakları ise çok kalındı zenci dudağına benziyordu, fakat önemli değildi. Dürüstlük ve sevecen olmaktı, Meltem için güzellikte en önemli kıstas.

Genç adamın lükse düşkünlüğü yoktu, şatafatlı toplantılardan da hoşlanmıyordu, sadelik egemendi günlük yaşantısına.

Meltem bunu duyunca, Alpay Güven'in zihin yapısında fosil halinde bulunan İslâm'ı, tek bir âhirete çağırı konuşmasını dinlemekle, sorumluluğunun gereğine göre nasıl olupta pratiğe aktardığını anladı. Onun hemen zikir dersini alışına şaşmaz oldu. Genç adam için için dâima İslâm'ın kapısında soluklanmıştı.

Kısa bir müddet daha Belçika'da kalıp Türkiye'ye dönmek fikrinde olduğunu anlatırken ikindi ezanı okunmaya başladı.

Sözlerine ara verdi ve genç adam saygıyla dinledi ezanı. Başladığı andan bitinceye kadar geçen zaman içinde hiçbir ezanı böyle özel bir sessizlik içinde dinlememişti Meltem:

Ezan okunması bittiği zaman o muhteşem çağrının son kelimeleri bir nabız gibi attı genç kızın kalbinde. Ezan, dinleyene hayat bahşeden bir ırmaktı. Meltem'in ruhunun derinliklerine berrak bir su sızmıştı o ırmaktan, içmek istiyordu hararetten çatlamış dudaklarını oraya dayayarak.

— Havuzun kenarındaki beton temiz, ben şurada namazımı kılabilir miyim?

Genç kızın yeşil gözlerinde hasret ateşi tutuştu alev alev:

— Tabiî dedi derin bir gönül yüceliği içinde.

Eve girdi, bir seccade alıp geldi, kıbleye doğru serdi. Alpay:

— Allah râzı olsun, dedi, namaza başlamadan önce.

En güzeli bu geldi genç kıza, Alpay'ın söylediği sözler içinde, teşekkür etti bakışlarıyla.

Alpay uzun boyu o atletik yapılı vücudu ile ayakta durdu bir müddet, sonra eğildi, daha sonra tekrar doğrulup secdeye kapandı öyle kaldı bir dakika kadar toprağa dost olarak. Kucak kucağa idi toprakla.

Gözleri yaşardı genç kızın; Alpay öldüğü zaman sevinçle karşılayacaktı toprak onu, her gün beş vakit kendisine sarılan bu sadık insanı, bu vefalı arkadaşını.

Bir arı vızıldıyor, bir kuş ötüyor, bir böcek çırlıyordu şenlik olsun diye. Göremediği meleklerin kanat sesleri geliyordu gökyüzünden... Meltemin aklına Ömer geldi, aklı, tüm duygu ve düşünceleri, onaylıyordu Ömer'in tercih ettiği hayat biçimini. Bu, haysiyeti ve şerefi seçmekti, ebedi bir güzelliğe uzanmaktı.

Hatırına, İsmâilağa Camii geldi, zikir dersleri geldi. Ömer'in zikir dersi aldığını duymuştu. Bir hakikat şimşek gibi çaktı genç kızın zihninde; Ömer ve Alpay aynı hoca efendinin tasavvuf deryasına dalmıştı.

Alpay namazını bitirmiş, seccadesini katlıyordu:

Meltem sordu:

— Mevlânâ Celâleddin-i Rûmî'nin eserlerini okuyor musunuz?

— Çok isterdim fakat henüz okuyamıyorum, vaktim bol olacak inşaallah Türkiye'ye dönüşte. Çok ilginç bulurum Semâ'yı. Tasavvûfî bir raks olarak algılardım onu, fikrim değişti bir zikir şekli o ehline has.

Semâ esnasında yapılan her hareketin ilâhî bir mânâsı varmış. Her yönden feyiz almayı ifâde ediyormuş dönmek. Ayakları yere vurmak nefsini ezmek ve onu galebe çalmak demekmiş. Kemale yöneliş kolları yana açmak. Sağ el ile rahmet alınmış oluyormuş, sol el ile yeryüzüne serpiliyormuş.

— Tasavvuf, şevkin kaynağı, coşkuya neden, diye başladı, Mevlânâ ile Şemsi Tebrizî'nin girmiş oldukları mânâ meclisinden, kuyumcu Selâhaddin'den, Bedreddin Çelebi'den anlattı Meltem varlığının derinliklerinden gelen bir hazla.

Genç adamın yüzünde Meltem'i dinledikçe bir sevinç büyüdü, taze çimenler bitti gönül bahçesinde. Dakikalar akıp gitmiş saatler geçmişti konuşmaya başlayalıdan beri. Koyu bir sis içine gömülüyordu karşı kıyıdaki evler...

Karadaniz'e doğru giden, Marmara'ya açılan gemilerin, vapurların bir kısmı yakmıştı ışıklarını. Uzanıp uykuya yatmış bir dev gibi görünüyordu adalar. Akşam güneşi sulara aksetmiş... Deniz büyük bir yangın meydanı... Gökyüzünde parça parça bakır rengi bulutlar, deniz kıpkızıl... Alev alev bir güzellik...

— Ummadığımız bir lütûf kaderimizde dedi Alpay duygulanarak ikimizin de tasavvufu sevmesi.

Genç adam Meltem'in elini tutmak istiyordu şiddetli bir arzuyla; ama hayır dokunmayacaktı genç kıza...

Evlenme teklifini, Meltem'in kabul edip etmeyeceğini çılgıncasına merak ediyordu, ancak hayır sormayacaktı bunu ona.

Bir yaşam büyüsü içindeydiler, herşey şarkı söylüyordu belki kaderleri de...

— Dost muyuz dedi genç adam, sessiz sihirli müziği bozmayan bir nota ile.

— Dostuz, diye fısıldadı Meltem, bu anın bitmesini hiç istemeyerek.

Güneş tamamen batmış, akşam aynı anda konmuştu gökyüzüne ve yere.

Bir yerlerden bir saatin vuruşları geliyordu; dan, dan, dan, dan...

Bu vahşi ritmik sesleri dinlerken iki genç insanın kalbine birden hüzün çöküverdi, yalnız, gönüllerindeki, umud çiçeğini pembe, tâze parlak bırakarak.

— Kalkalım mı dedi Alpay.

— Kalkalım diye cevap verdi Meltem, şimdi de Alpay'ın akşam namazını kılacağını düşünerek ona gıpta ederken...

İki gün boyunca yağan kar, her tarafa yerleşmiş, bembeyaz kat kat tüller altında bırakmıştı İstanbul'u. Beyaz renk pek yakışmıştı bu imparatorluk kentine, bir gelin gibi süzülüyor, güzelliğinin keyfini sürüyordu gönlünce.

Kış mevsiminin özel orkestra elemanları kızmış, karada kargalar, sahil boylarında martılar isyan marşları söylüyorlardı, kimsenin onları dinlemek istemediğine aldırmayarak, inadına yüksek sesle.

Havra Londra'ya ikinci gidişinde üç ay kalmış, sıkılmış ve dönmüştü. Birkaç gündür İstanbul'da idi.

Anne-babasıyla beraber yemek yemiş, televizyonda haberleri dinlemiş, Titanic filmini seyredip odasına çekilmişti saat onikiye doğru.

Ömer'i unutmaya, ona boşvermeye yardım edecek çareleri denemişti Havra, fakat ümitsiz olarak geri dönmüştü hepsinden. Bazen ızdırabı komaya giriyor genç kız sâkinleşiyor, bir kâbusu yaşıyordu bazen de.

Odasının ışığını söndürdü, pencerenin yanına gidip tülleri çekti dışarıyı seyretmeye başladı ayakta.

Bir önceki sene iki âile Abant'a gitmişler, böyle bir gecede iki nişanlı kar topu oynamışlardı göl kıyısında. Bahçenin köşesinde karanlıkta kalmış çam ağacının altında Ömer o çok uzun boyuyla durmuş ona doğru bakıyor, göz kırpıyordu çapkınca. Duygu Asena'ya mektup yazıp soracaktı, niçin "Aşk da yalan" demişti; sevgi kadar gerçek ne vardı bu dünyada.

Havra inlemek, delicesine ağlamak, var gücüyle haykırmak istedi, Ömer'in hayaline durmadan el sallayan kalbini rahatlatmak için... Ancak buna gücü kalmamıştı.

Her damar kendisinden çekilmiş bir beden nasıl olursa öyleydi onun vucûdu da, kıpırdayacak hali yoktu şu dakikada. Bir kelebek dokunsa, Edgar Allan Poe'nin, Annabelle Lee'sini üşüten bulutun rüzgârı esse, genç kız serilecek yere boylu boyunca.

Kalbine hiç kesintisiz geliyordu hasretin acısı, her tarafını kana bulayarak.

Önünde gerilmiş, kimbilir nerelere kadar uzayıp giden gece, sessiz sedasız, sükût içinde Havra'yı dinliyordu sadece ve yalnız olarak.

Üzüntü ve keder nihayet onu yenmiş esir almıştı, başını öne eğdi umutsuzlukla. Ömer, hayatını altüst ediyor, ve genç kız da seyirci kalıyordu canevinin talan edilmesine; birşeyler olmalıydı yapılacak Ömer'i düşünmemek, onu hayalinden söküp atmak için.

Genç kız uyuyacak durumda değildi, pencereden çekildi, odadan çıktı, oturma odasına geçti. Annesi ve babası yatmışlardı. Söndürmeyi unutmuş açık bırakmışlardı ışığı, şömine de yanıyordu henüz.

Annesi, açık olan yatak odalarının kapısından Havra'nın ayak seslerini duymuştu:

— Havra, biz yattık.

— İyi, yatın anne.

Genç kız şöminenin önündeki küçük kilim desenli halıya oturdu, sönmeye yüz tutmuş ateşin yalınlarına dikti bakışlarını. Onun kalbi de böyle yalızlanıyor, yanıyordu, çok kederli hissediyordu kendini. Aklından "düşüncelerini kontrol altına al, mutlu olduğunu düşün, yeryüzünde Ömer bir tane değil, daha kaç tane Ömer var." diyordu. Ne var ki söz geçirmesi imkânsızdı gönlüne.

Böyle yaşanmazdı, bu hayat çekilmezdi... Ömer'i ondan ayıran gücün büyüklüğünü düşünmekten de çok yılmıştı...

Âni bir kararla yerinden kalktı; Onu, Ömer'in hayatından çıkarıp atan kuralları öğrenecekti, o da o kurallarla oynayacaktı hayata karşı. Şöminede ateş sönmüştü yavaşça, kül olmuştu bütün odunlar, duvar saati ikiyi gösteriyordu.

Şiddetli bir rüzgâr çıkmıştı dışarıda, gecenin ıslığını duyuyordu genç kız. Korku, hüzün ve ikaz vardı bu ıslıkta!

Havra ürperdi, kutup rüzgârlarına yakalanmış gibi üşüdü, birer diken gibi dikildi bütün tüyleri.

Dinle oyun olur muydu hiç? Din Allah'ındı. Birbirleriyle acımasızca döğüşen dallar, ağaçların tepelerini fırtınanın etkisi ile savaş alanına çevirmişken yerde beyaz bir sükûn vardı, mehtabın ve yıldızların gizemli ışınları altında, târifsiz bir huzur. Havra'nın kalbinin bir yerlerinde, o güne kadar hep gömülü kalmış duygular depreşmiş, dalgalanıp duruyor, sığınmak istiyorlardı, kımıltısız, etrafı yemyeşil bir koya. Genç kız onları dinliyordu şimdi.

— Manyak mısın, kaçık mısın?

Birden yerinden sıçrayıp kapıya doğru döndü Havra. Annesi odaya girmiş, ışıktan kamaşan gözlerini ovuşturuyordu asık uykulu ve kırışık bir suratla.

— İkisi de değil anne, dedi Havra. Annesine kınayıcı bir bakış gönderdi çabucak, ödümü patlatacaktın diye ilâve etti.

— İyi olman için seni Londra'ya gönderdik, hem de iki kere.

— Ben hasta değilim, diyerek genç kız öfkeyle annesinin sözünü kesti.

— Keşke de hasta olsan, daha betersin, dedi anne kızınınkinden daha sinirli bir sesle, pencereye dikilmiş, ne yapıyordun öyle?

— Manzara seyrediyordum.

— Bu saatte mi?

— Evet, bu saatte n'olmuş?

— Saat üç, haberin var mı?

— Sağır değilim, bizim saat, saatbaşı vurur, duyuyorum.

— Bu saat olmuş daha yatmamışsın manzara seyrediyormuşsun, gülesim gelse de bassam kahkahayı.

— Anne, anne, dedi Havra, sizin babamla bazen gece kulübünden bu saatte dönmeniz oluyor da, benim pencereden dışarıyı seyretmem niye olmuyor?

— Hırçın bir kızdın, saldırgan ve ukalâ da oldun Ömer'den ayrıldığından beri.

Tutuldu kaldı genç kız; sapsarı oldu yüzü, eli ayağı buz kesti, geceliğinin yerde sürünen eteklerini topladı, sapında iken boynundan koparılmış bir çiçek gibi başı önünde annesinin yanından geçti yatak odasına gitmek için.

Annenin mahmur bakan gözleri buğulandı, kalbinden kalkan derin bir acı şakaklarında attı, beyni zonkladı, göğsüne bir bıçak saplanmışcasına. Kaç aydır kızı yanında değildi, daha yeni dönmüştü, onu kırmanın ne âlemi vardı?

Sendeleyerek öne doğru bir adım attı, yolunu kesti kızının. Ana-kız şimdi karşı karşıya duruyorlardı. Anne titreyen elini yavrusunun yumuşak pırıltılı saçlarının üzerine koydu, onun başını çekip göğsüne dayadı:

— Seni incitmek istememiştim, dedi ağlamamak için dişlerini sıkarken.

Havra, annesinin esansla karışmış ter kokusunu nefeslerken:

— Biliyorum anne, dedi başını annesinin göğsünden kaldırmadan.

— Sen benim sarı papatyamsın, elimde kalan tek çiçeğimsin, seni hiç sevmez olur muyum?

— Biliyorum anne.

— Mutlu olmanı istiyorum.

— Biliyorum anne.

— Seni azarlamış olsam da, inan ki senin iyiliğine.

— Bunu da biliyorum anne!

— İyi, barıştık öyleyse!

— Kavga etmemiştik ki anneciğim.

Genç kız, uzandı, annesini iki yanağından öptü.

— Gönlün oldu mu şimdi anneciğim?

— Oldu, oldu, haydi iyi geceler, hemen git yat.

— Sana da anneciğim, dedi Havra geceliğinin eteklerini yeniden topladı, oturma odasından çıktı.

— Benim, asıl kızdığım o serseri Ömer!

Annesinin şu, insana zulmederek merhameti yok muydu, genç kızı kahrederdi her vakit; düğün alayında coşarak havaya ateş ederken arkasından vurmuştu yine genç kızı.

Havra sür'atle topukları üzerinde döndü:

— Anne, dedi annesini şaşırtan bir ciddiyetle, "Ömer, serseri değil"

Genç kız annesinin tek kelime dahi söylemesine fırsat vermeden odasına çekildi.

Çelişkili saatler geçirmesine rağmen, tuhaf birşey oldu, genç kız başını yastığa koyar koymaz derin bir uykuya daldı.

Ertesi günü evde yalnız kaldığında Bahadır Hoca'nın hanımına telefon etmek oldu ilk işi. Arada sırada Bahadır Hoca'nın evinde de çalıştıklarından Ömer vermişti onların telefon numaralarını. Genç kız, kim olduğunu anlatmadan, kendisine İslâmî ilimleri öğretecek hoca tavsiye etmesini rica etti Bahadır Hoca'nın hanımından.

— Bahadır, Ümraniye câmiine imam tayin edildi dedi kadın, taşınma telaşındayız, kimse de hatırıma gelmiyor, hangi semtte olsun istiyorsunuz hocayı? Bahadır Hoca Ümraniye'ye taşındığına göre, Ömer de oraya giderdi, İsmâilağa sokağı bomboş olarak Havra'ya kalıyordu.

— Mümkünse İsmâilağa Sokağı'nda oturan bir hoca olsun, dedi, Havra bir aceleyle.

Kadın birçok kimseler önerdi ise de, Havra'nın kalbi, Asuman ve Câhide ismindeki hocaları tercih ettiğinden, onların adreslerini aldı. İki üç gün sonra sabah erkenden Çarşamba'ya geldi önce Cahide Hoca ile görüştü. Ona ders vermeyi memnuniyetle kabul ediyordu genç kadın. Konuşmaları nihâyete erince:

— Bugün pazartesi Yavusselim Camii'nde vaaz var, vaktiniz varsa ve arzu ederseniz beraber gidelim, dedi.

Tabiî ki bu teklife hayır demekten utandı, genç kız. Câhide Hoca'nın talebeleri abdest almasına yardımcı oldular, başına bir örtü verdiler, bir arı kolonisindeki çalışma düzenini göstererek Havra'yı Yavusselim Camii'ne getirdiler. Kalabalık cemaat önce çok ürküttü genç kızı, o böyle bir cemaatı ancak Hac zamanı televizyondan seyretmişti, o da Mekke gösterilirken. Sonradan isminin Zübeyde Sultanoğlu olduğunu öğrendiği hareketleri çok kibar, çok temiz giyinmiş genç bir kadın onu kürsünün yanına götürüp oraya oturttu.

Havra câmiye de, böyle bir cemaate de, kürsiye oturmuş vaaz etmeye hazırlanan hoca efendiye de çok yabancıydı, çok uzaktı herkese ve herşeye.

Hoca efendi konuşmaya başladığında bir dalgalanma oldu cemaatte; Nisan yağmurları gibi bereketli sözlerin tek kelimesini dahi kaçırmamak için kalp kaplarını açma telaşına düşmüştü herkes.

— Ademoğlu dünyada gözleri hiç yaşsız olarak zevklenirken Cenâb-ı Hak onu çağırır ansızın kaderiyle.

— Yarın ahirette amel defterini önüne açacaklar ve "Kitabını oku" diyecekler. Dünyada ne yaptı isen, onları kitabından madde madde okuyacaksın. Kendi kitabın bir tarafa, Kur'ân-ı Kerîm bir tarafa konulacak sonra karşılaştırılacak ve sana denilecek ki: "Şu yapmış olduğun yanlış işleri, Benim Kitabımın, yâni Kur'ân-ı Kerîm'in neresinde gördün? Böyle işlere Kur'ân-ı Kerîm'de müsaade yoktu, sen niçin yaptın?.."

— Ey insan akıllı ol!

Her şeytanlığı öğreniyorsun da niçin kulluk nedir öğrenmiyorsun?

— Para günden güne değer kaybediyor. İşler günden güne darlığa doğru gidiyor. İnsanlar zannediyorlar ki, bir takım icadlarla bolluğa kavuşacaklar. Halbuki bolluğa kavuşmanın yolu okuduğumuz âyet-i kerîmede beyan olduğu üzere ancak îman ve takvadır.

— Ey müslümanlar! Kâinatı ve bizi Allah-u Teâlâ Hazretleri yarattı, istediği ve dilediği gibi, bize emretmeye selahiyetlidir, Ondan başka selâhiyetli bir kimse yoktur.

— "....

— ......

Ya Rab! Ne hikmettir ki koca dağlar Kur'ân-ı Kerîm'in heybetinden, mânevi ağırlığından parçalanıyor da şu insanoğlu, tesirlenmiyor dahi. Demek ki: insan bazan taşlardan da, kayalardan da serttir ve katıdır.

Havra, Hoca efendiyi dikkatle dinlerken, kendiliğinden açılmış olan bağrı söylenilen her kelimeyi saygıyla nakşediyordu yüreğine. Kalbindeki fitne mahalleleri sessizce yerle bir oluyor, batıl fikırıeri birer birer çıkıp gidiyordu bir daha geri gelmemek üzere. Hayret içindeydi genç kız bu acaip durumuna, aklı da bir an olsun tereddüt etmeden tasdik ediyordu söylenilen sözlerin doğruluğunu.

Hoca efendi duâ etmeye başlamıştı. Havra'nın hiç süphesi kalmamıştı, insanı cezbeye sürükleyen ilâhî bir sihir vardı bu konuşmada.

Kırışık, solgun, yorgun ve pembecik umut dolu genç dudaklar aralanmış, sessizce fısıldıyorlardı vecd ile hafifçe oturdukları yerde sallanarak. "Âmin! Âmin!"

Kalabalığın arasına karışıp, genç kız yalnız olarak câmiden çıktığında hiç bulutsuz gökyüzünde parlak bir güneş açmıştı her yeri kaplamış olan karlar ile alay edercesine. Ağaç dallarına sıkıca yerleşmiş karlar, erimiş, ağlayarak ayrılıyorlardı yerlerinden.

Çamura dönüşen karların iniltisi geliyordu toprağa her adım atışta. Çocuklar caminin çıkış yolundaki su birikintilerinden bağrışarak atlıyor, birbirlerini omuzluyorlardı gülüşerek. Yaşlı bir adam ana kapının dışında durmuş, her önünden geçene:

— Balon, çocuklara balon, diyordu, alırlar ümidi ile yüzlere tek tek ve mahzun mahzun bakarak.

Orada durmuş birkaç çocuk, havada uçuşan, kırmızı, mor, sarı, mavi, yeşil, beyaz, turuncu renk balonların sağa sola, yukarıya aşağıya doğru yaptıkları yumuşak hareketleri izliyorlardı, erişilmez bir hayali seyreder gibi.

Havra baloncuya yaklaştı:

— Kaç para bunların hepsi?

— Saymak lâzım kızım ama en azından 25 tane var, tanesi elli liradan ne eder biliyor musun bir milyon ikiyüzellibin.

Yaşlı adam, Havra'ya doğru eğildi tekrar:

— Birmilyon ikiyüzellibin duydun mu? dedi, ağzının payını aldın mı şimdi, bir daha böyle hepsinin birden fiatını sorma demeğe getiriyordu.

Havra, elini cebine attı, bir önceki gün yapmış olduğu alışveriş sırasında cebine tıkıştırdığı paraları avucuna aldı, arasından 1,5 milyon çıkarıp baloncuya uzattı.

— Balonların hepsini alıyorum, dağıtın çocuklara, paranın üstü de size kalsın.

— Sağol kızım, dedi ihtiyar baloncu, inanamayan gözlerle bakıyordu bir buçuk milyona. Paraları aldı, itina ile katladı, dikkat ederek koydu cebine. Koltuğunun altına sıkıştırıp tuttuğu çubuğu yere dayadı, bağlarını çözerek balonları birer birer çocuklara verdi.

Balonu alan çocuk Havra'nın arkasından koşuyor:

— Çok teşekkür ederiz teyze, diye sesleniyordu var gücüyle.

— Çok teşekkür ederiz teyzee!..

— Teyzee... teşekkürler, teşekkürler.

Çocukların sesleri kesilmeyince Havra dönüp arkasına baktı, bir sürü çocuk oyun havası içinde, peşinden geliyorlardı balonlarını savurarak.

Genç kız durdu, elini başına götürüp örtüsünü çekti aldı, çantasına koydu. Onu Cahide Hoca'ya ikinci gelişinde iade edecekti. Çocuklar birşeyleri yanlış ettiklerini hissetmişler eski, yırtık, boyasız ayakkabılarının uçlarına bakıyorlardı dikilip kaldıkları yerde.

— Niye arkamdan geliyorsunuz çocuklar ayıp değil mi? dedi Havra azarlayıcı bir ses tonuyla.

— Ama biz sana, teşekkür ediyoruz teyze!

En önde olan çocuklardan bir tanesi hiç çekinmeden hemen cevap vermişti, hiç suçsuz olmanın verdiği bir inançla.

— Teşekkür bir defa edilir veya da iki defa, siz işi eğlenceye aldınız, yedi cüceler gibi yürüyorsunuz ardımdan.

— Hıhı...

Kendisini tutamayıp sesle gülen on iki yaşlarında, şişman kırmızı suratlı bir çocuktu. Pamuk prenses ve yedi cücelerin masalını bildiğinden, pek hoşuna gitmişti bu benzetme.

– Hem de teyze diyorsunuz bana, ben o kadar yaşlı mı görünüyorum? dedi Havra, örtü altında kalınca basılmış olan saçlarını kabartırken tek eliyle.

— Benim teyzem var sizden küçük, onaltı yaşında.

Kırmızı suratlı çocuktu yine cevap veren; kimseye kaptırmayacağa benziyordu lâf ebeliğini.

— Haydi lütfen evlerinize dedi genç kız. Çocukların üzerinde güzel bir imaj bırakmak istiyordu, elini kaldırdı salladı:

— By, by...

By, by, sözlerini duyunca daha çocukların küçüğü büyüğü, bir kahkaha tufanı kopardılar hepsi birden aynı anda koro halinde. Yaptığı hatayı Havra da anlamıştı fakat söylemiş bulunuyordu bir kere, imkânsızdı artık sözlerini geri alması, canı sıkılarak yürüdü Tekke'ye doğru.

— Kadın bize by by, dedi.

— Hıhı...

— Hıhı... nasıl selâm verileceğini bilmiyor, by by diyor...

Hediye ettiği balonlar, çocukların nazarında önemini kaybetmiş, açıkca alay ediyor, gülüşüyorlardı Havra'nın ardından.

Çocukları bir âlemdi İsmâilağa cemaatının...

Genç kız şaşırmamak için, geldiği yollardan geri dönüyordu. Başları beyaz bereli, yaşlı adamlar çıkıyordu karşısına girdiği her sokaktan ellerinde yeşil tesbihleri şıkırdatarak.

Yaşlıları da bir âlemdi bu İsmâilağa cemaatının...

Genç kızın gözlerinin önüne Câhide Hoca ve talebeleri, Zübeyde Sultanoğlu, camide gördüğü kızlar geldi.

Gençleri de bir âlemdi şu İsmâilağa cemaatının...

Evet, öyleydi... Birbirleriyle yarış edercesine koşuşarak âhiret azıklarını temin etmeye çalışan bir topluluktu onlar...

Herşeyin hakikatini, şaşmaz, aşınmaz ve aşılmaz vahiyde yâni Kur'ân-ı Kerîm'de arayan kişilerdi.

Adâletin leziz suyundan içmişler iyi insan olmak için didiniyorlardı.

Eşsiz ve emsalsiz irfân menbaı yüce peygamberin izinden gitmeye çalışıyorlardı.

Genç kız Tekke camiinin önüne park ettiği arabasının yanına geldiğinde aklından geçirdiği bu düşüncelerle titriyordu.

Havra, anahtarı ile arabasının kapısını açarken, sağına soluna bakındı; birbirine yakın olarak inşa edilmiş üç küçük câmii ve birkaç ahşap bina vardı çevrede. Bu sıkışık yer, Osmanlı İmparatorluğu'ndan kalmış bir zamanı taşıyordu sanki, duygu ve hissiyat, kaynıyordu.

Genç kız gözlerini kapayıp, ortalığı dinlese buralarda gezinen yeniçerilerin nefes alış verişlerini duyacak... Câmilerin içinde hafızlığa çalışan delikanlıların pencerelerden dışarı taşan gür seslerini işitecek.

Görmek gerçekten duymak gibi değildi. Dipsiz kuyular açıyordu duyduğu hüzün genç kızın gönlünde; haram olan şeylerin görünüşte zevk verici, aslında onların felâket olduğu gerçeğini Ömer ona anlatmış, o ise arkasını dönmüş, kaçmıştı. Ne kadar geç ve faydasız bir itiraftı Ömer'in haklı olduğunu kabul etmesi.

On yaşlarında cılız bir kız çocuğu yıkık duvarların arasında kalmış karları topluyor, onlardan küçük toplar yapıyor, yakınında miyavlayıp duran bir kediye fırlatarak oyun oynuyordu hayvanla. Havra ile göz göze gelince kaçırdı kahverengi bakışlarını. Sonra kat'i kararını vermiş bir edayla iki küçük kızıl saç örgüsünü yanlarına savurarak koştu geldi, arabanın ön camını silen Havra'nın yanına:

— Abla, dedi birşey söyleyebilir miyim? lâstik çizmesi ile ayağına dolanan kediyi itelerken.

— Tabiî...

Küçük kız soğuktan kıpkırmızı olmuş baş parmağıyla Tekke câmiini gösterdi:

— Bunun bahçesinde çok büyük biri var, İsmet Garibullah Efendi yatıyor orada.

— Öyle mi? İsmini duymuştum, buralarda olduğunu da biliyordum, ancak yerini tam bilmiyordum, iyi ki söyledin küçük teşekkür ederim.

— Fakat abla oraya gidecekseniz sizin başınızda örtü yok.

Havra, silecek bezini arabanın içine attı; parmaklarının ucuyla küçük kızın gamzeli çenesini tutup, onun yüzünü kendisine doğru kaldırdı:

— Olması mı gerek? diye sordu, çocuğun ne cevap vereceğini merak ederek.

— Ben o Tekke câmiinin müezzininin kızıyım; İsmet Efendi Hazretleri'nin yanına başında örtü olmadan giden bir kimse görmedim abla.

— Ben oraya gidecek değilim. Senin ismin ne çok bilmiş küçük hanım? dedi Havra.

— Fâtıma.

Küçük çocuk sorulara hiç tereddüt etmeden hemen cevap veriyordu. Havra'nın şansı bügun çok boldu çocuktan yana.

— Annen var mı? dedi sokak muhabbeti olsun diye.

— Var.

— Onun ismi ne?

— Hatice, babamınki de Bekir.

— Peki, kardeşlerin var mı?

— İki kız kardeşim, iki de erkek kardeşim var. İsimlerini söyleyeyim mi?

— Söyle, dedi Havra tebessüm ederek.

— Kız kardeşlerimin isimleri Ayşe ve Zeynep, erkek kardeşlerimin ki, Ali, Osman. Beğendiniz mi?

— Ona ne şüphe, hepsi Arap isimleri, Hatice, Ayşe, Zeynep, Bekir, Ali, Osman.

Yâni müslüman isimleri abla. Annem söyledi, bize bir erkek kardeş daha geliyormuş, onun adı da Ömer olacak. Ömer ismini de beğendiniz mi?

— Çok beğendim; benim nişanlımın ismi de Ömer, dedi genç kız nişanının devam etmiş olduğunu hayal ederek büyük bir iştiyakla. Hiçbir şey Ömer'i unutturmuyor, fakat herşey ısrarla onu hatırlatıyordu Havra'ya. Şu arabasını park ettiği yerde, kimbilir kaç kez de Ömerin arabası durmuştu.

İnsan iradesi, bilinen ve bilinmeyen bir çok güç tarafından oluşturuluyordu kabul edilsin veya edilmesin farketmezdi hiç.

İnsan iradesi kısır bir irâde idi, hayatlarda hiç basit değildi; içinde kahkahalar, hastalıklar, gözyaşları, kederler ve de ayrılıklar vardı ölümden beter.

Havra'nın tebessümü kaybolmuş, yüzü gerilmişti gayri ihtiyârî. Fatma, bu sevimli ablanın kederlendiğini anlamıştı, onun gülmesini istiyordu minik kalbi:

— Saçlarınız çok güzel abla sarı papatyalar gibi, dedi üşümüş olan ellerini rengi solmuş mavi mantosunun ceplerine yerleştirirken.

— Sun'i sarı papatyalar Fatma, dedi Havra.

Havra'nın ne demek istediğini Fatma anlamamıştı saf saf bakıyordu.

— Bana annem de ablam da sarı papatya derler Fatma ama, benim saçlarımın sarılığı aslında azdır, boya ile veriyorum onlara bu rengi, oniki yaşımdan beri. Hiçkimsenin haberi yok bundan, ilk defa sana söylüyorum.

Böyle bir şey duymuşmuydun sen?

— Hayır, dedi Fatma, ablanın sarı papatyalara benzeyen saçlarına konmuş bakışlarını, oradan çekmeden.

Havra arabasının içine girip yerine oturdu; eline bezi aldı, bir de içeriden sildi camı.

— Şimdi de birşey sorabilir miyim abla, dedi Fatma, arabanın kapısının önüne gelerek.

— Üşüdük evlerimize gidelim Fatma, haydi sor bakalım çabucak.

— Siz saçlarınızı hiç örtmeyecek misiniz?

— Ama Fatma, dedi Havra minikliğine bakmadan âhiret sualleri soruyorsun insana, aramız açılacak sonra.

— Bu âhiret suâli değil abla, dünyada sorulan bir suâl, âhirette niçin örtmedin diyecekler.

— Bak see...n! dedi Havra, fazla yüksek çıkan sesini önlemek için iki elini birden yüzüne kapatırken.

Dayak yemekten beter şaşmıştı, küçük kızın müthiş bir zekâyı yansıtan sözlerine.

— Nereden biliyorsun sen bunları? diye sordu.

— Biz din dersleri alıyoruz, öğrendiklerimizi de herkese anlatırız.

Havra içinden takdir etti, küçük kızın İslâm'a olan vefasını ve sadakatını.

— Kim ders veriyor size?

— Babam, beş yaşına giren her çocuğuna din dersleri vermeye başlar hem de hergün bir saat.

Hiç kimse oturupta İslâm'ı öğretmemişti Havra'ya ne beş, ne onbeş, ne yirmibeş yaşında. Şimdi de akrabalar arasında hiçbir çocuğa İslâm öğretilmiyordu. Onların çocuklarının gündeminde, kan, barut, savaş kokan Amerikan yapımı filmler, erotizme bulanmış müzik klipleri vardı.

Havra bakışlarını hafif kıvrımlarla tâ caddeye kadar uzayıp giden İsmâilağa Sokağı'nda gezdirdi; ince uzun bir sokaktı. Havra'nın birden aklına sırat köprüsü geldi. Sokağı ona benzetti. O, kıldan ince kılıçtan keskin sırat köprüsüne. Tuhaftı, çok çok tuhaf, sokağın en sonunda bulunuyordu İsmâilağa Camii. Orada sırat köprüsünden geçenin ulaşacağı cennetten bir mekân gibi duruyordu dimdik. Câmiden dönen kadınlar, kızlar doldurmuştu sokağı, küçük siyah bulut kümeleri halinde dağılıyorlardı oraya buraya gelişi güzel. By, by dememek için Havra, dudaklarını sımsıkı kapatarak Fatma'ya elini salladı ve arabasının kapısını kapattı.

Büyük bir siyah bulut kümesi de yokuş aşağı inmiş Havra'ya doğru geliyordu. Genç kız arabasının yanından geçip gitmelerini beklerken hepsi arka arkaya sıralandılar, tekkenin kapısından içeri girip gözden kayboldular. İsmet Efendi Hazretleri'ni ziyârete gidiyor olmalıydılar. Havra az bir hızla ve kimseye çarpmamak için son derece dikkat ederek kullanıyordu arabayı. Kalabalığın biriktiği, çocukların çok olduğu yerlerde iyice yavaşlıyordu. Araba meraklısı olan çocuklar yanlarından geçerken ellerini arabaya sürüyorlar:

— Ne kıyak kırmızı! diyorlardı gözleri parlayarak.

Bâzı erkek çocukların bakışları ise Genç kızın sarı, parlak saçlarına takılıp kalıyor, araba ile yan yana yürüyorlardı lâf atarak:

— Bir artist!

— Artiste bakın!

— Ahu Tuğba geçiyor!

— Artist galiba!

Sokak satıcılarının bağrıltısından bazılarının ne dediğini işitemedi Havra. Tam bir curcuna içerisinde sokaktan çıkıp sağa saptı Edirnekapı istikametine gitmek üzere.

Örtüyü başından çıkarmakta acele etmişti. Genç kız bir yığın pişmanlık ve hayret yükü ile dönüyordu eve.

Bir savaştan çıkmıştı, galib mi, mağlub mu olduğunu bilmeyerek. Hiç çarpışmadan yorulmuş bir asker gibi hissediyordu kendini.

Eve geldiğinde babasını gördü; salonda oturmuş gazete okuyordu. Havra banyoya gitti bir duş aldı, elbiselerini değiştirdi ve salona geçti. Babası başını gazeten kaldırdı Havra'yı dikkatle süzdü; kızının tuhaf bir hâli vardı.

— Canını sıkacak bir şey mi oldu Havra kızım?

— Birşey oldu evet, fakat canımı sıkmadı baba.

— Ne oldu?

Budalaca konuşunca babası da pek tabiî böyle sual soracaktı haklı olaraktan. Ne diyecekti şimdi? Ne cevap verecekti babasına?

Yalnız babasına da değil, annesine de. O da gelmiş, koltuğuna oturmuş, konuşmasını bekliyordu Havra'nın sabırsızlanarak. Parmaklarıyla koltuğun kenarını tıkırdatıyor, iki de bir omuzlarına değen düz, seyrek kızıl boyalı saçlarını arkasına atıyordu kafasıyla.

— Anneme not bırakmıştım baba, dedi Havra İsmâilağa Sokağı'nın hemen yakınında oturan bir hoca hanıma gittim. Genç kız konuşurken de saçlarını kuruluyordu küçük yeşil renkli bir havluyla.

— Evden çıktığında saat sekiz buçuktu Havra, dedi annesi onca saat ne yaptın oralarda?

— Hoca hanım ile görüştükten sonra, Yavusselim Camiinde vaaz dinlemeye gittim.

— Sen?

— Evet, Ben!

— Gözlerimle görsem inanmam, sıkılırsın sen öyle şeylerden.

— Sıkılmadım, anne.

— İnanayım mı?

— İnan, sana niye yalan söyleyeyim anne?

— Yahu hanım dedi Erdal Bey sinirlenerek niye sıkıştırıp duruyorsun kızı?

— Saat üç, altı saattir evde değil, ne yaptı bunca zamandır bir anne olarak nasıl merak etmem?

Havra havlusunun altından annesine baktı yılgın bir şekilde:

— Alış-verişe çıktığım veya bir arkadaşıma gittiğim zamanlar dokuz, on saat dışarıda kalırım ben anne, alışıksın sen buna, dedi.

— O başka!

— Nasıl başka?

Nesrin Hanım koltuğun kenarına vurdu:

— Sinir oldum, Havra şu havluyla saçını kurutmayı bırakta doğru dürüst anlat bize neler oldu orada.

Baban da işine gidecek.

Genç kız saçlarını havlu içine hapsedip sıkıca sardı, sonra onların hepsini tepesinde topladı hırsla. Hiç hareketsiz, bir anıt gibi durdu şöminenin önünde. Nedenini anlar gibi oluyordu babasının bu saatte evde bulunuşunun:

— Baba, dedi, senin pazartesi işin yoğun olur eve hiç uğramazdın, benim için mi geldin yoksa?

— Evet, annen bir saat önce ağlayarak telefon açtı bana. Daha önce de Meloş'a telefon etmiş onu da evhamlandırmış güç belâ ikna ettim, birşey yok ortada kalkıp gelme dedim telefonda. İsmâilağa Camii'ne gidip seni arayaymışım. Saçmalama, neredeyse şimdi gelir dedimse de dinletemedim, kestiremedim zırzırını. Olacağı buydu çıktın geldin işte.

— Evet, ama beni kahrettikten sonra. Annenin gözlerinde sitem şimşekleri çakıyordu ard arda. Bu ona ders olsun, ismini bilip cismini bilmediğimiz yerlere bir daha gitmesin yalnız başına.

— Eğer İsmâilağa Camii'nin oralarını kastediyorsan anneciğim, dedi Havra, haftada iki gün oraya gidip ders alacağım.

Baba, gitmek üzere ayağa kalkmış gri ceketinin düğmelerini ilikliyor, gravatını düzeltiyor, çeki düzen veriyordu kendine:

— Ne dersi Havra? diye sordu acele ederek hanımından evvel.

— Kur'ân dersi.

— Kur'ân okumasını mı öğreneceksin?

— Evet.

— Çok güzel. Karısına döndü:

— Yaşlanıyoruz Hanım, dedi, yol görünmeye başladı bize de. Kızımız arkamızdan Kur'ân okuyacak bize ne mutlu.

— Ay! Ne de sevinilecek şey!

— Sevinilecek şey değil mi?

— Değil tabiî.

Allah, ikimize de hayırlı uzun ömür versin. Öldükten sonra, bizim arkamızdan her sene mevlûd okutsunlar.

Havra'nın okumasından ne olur, sıkıntılı kızdır bir sayfayı bilem zor tamamlar. Hıh, bülbül gibi hafızlar varken Havra'ya mı kaldı bize Kur'ân okumak, heceleyerek, kekeleyerek.

— Sizin bol vaktiniz var akşama kadar konuşmak için dedi, Erdal Bey, yüzü mosmor olmuştu sinirinden. Nefret ederdi neticesiz münakaşalardan; birer tane tokat patlatmak geliyordu içinden kızının da karısının da ağızlarına; çıtı çıkmazdı o zaman ikisinin de. Ancak bu karısıyla bir hafta kızı ile aylarca küs durmak demekti. Havra'nın küçüklüğünde poposuna şöyle biraz hızlıca dokunsa, avaz avaz ağlardı susturamazdı bir türlü onu. İsyankâr ruhlu, dediği illa olacak bir kızdı. Ama bir o kadar da sevimliydi, diğer kızını pek sevmezdi, fakat Havra onun gönül meyvesiydi.

— Bana eyvallah, deyip çıkarken Erdal Bey kapıyı iyice açtı, sonra birden hızla kapattı, onu eve boşuna getirttiklerinden dolayı kızdığını anlamaları için.

— Dannn...

Evin bütün camlarını zangırtan bir ses çıkmıştı kapıdan. Duvardaki asılı küçük tablolar dahi hafif sallandı gibisine geldi Nesrin Hanım'ın.

— Babanı kızdırdın!

— Ben mi, sen mi anne?

— Kabahat, ipek gibi yumuşak samur kürk olmuşta onu yine de kimse giymemiş hele de sen hiç suç üstlenir misin?

Halbuki sebep sensin, ama gel de anlat bunu sana! Seni hiç anlayamaz oldum ah! ah!

Genç kız başını öne eğmiş, saçlarını tarıyordu, fırçasını tepesinden başlayıp aşağıya kadar tekrar tekrar indirerek.

Derin bir yalnızlık hissiyle içini çekti, dışarıya büyük bir nefes verdi:

— Of! Senin beni hiç anlayamaman yeni değil anne, dedi.

Dört ayrı dünyaların insanıyız, sen, babam, ablam ve ben.

— Terbiyesiz! dedi, anne boğulurcasına; dilin ısırgan otu mübârek, hemen dağlıyorsun sana dokunanı. N'aptım ben sana şimdi?

— Lütfen kavga edeceğimize, konuşalım anne.

— Haydi konuş, dedi anne istihza ile.

Dişlerini sıktı genç kız; anlamamazlıktan gelmeye mecburdu annesinin alayını. İstemiyordu çünkü artık onu üzmek, kırmak genç kız haklı da olsa. Annesine onu pes ettirecek her söz söyleyişinde vicdan azabı duyuyordu sonra.

Birşey değil, birçok şeyler değişmeliydi. Yapış yapış şımarıklık bulaşmış düşünceler, yapış yapış şımarıklık bulaşmış arzular, yapış yapış şımarıklık bulaşmış yaşam mutlu etmemişti onları, gelgeç parlak avuntularla geçiyordu ömürleri.

Ömer birgün bakışlarını çok uzaklara dikerek: "İsmâilağa Camii'nde birkaç saat kalmak, hayatı anlamak" demişti. Genç kız olağanüstü bir sevgi ve heyecanla hatırlıyordu onun sözlerini; unutmamıştı tek kelimesini dahi.

Ömer'den iki sene sonra ise Havra, İsmâilağa Camii'nde birkaç saat kalıp hayatın yanından geçmeyi yaşamıştı; ince altın ipliklerle dokunmuş bir örümcek ağıydı orası. Ona yakalanmak için Havra'nın kalbi koşuyordu İsmâilağa Sokağı'na doğru.

— Anneciğim dedi Havra inan velveleye verecek hiçbir şey yok.

Câmide cemâat çok kalabalıktı, çıkış vakit alıyor. Dar uzun bir sokak, İsmâilağa Sokağı, arabayı çok zor çıkardım.

Kızının yumuşak konuşması annenin ılıcık etmişti her tarafını.

— Havra, yavrum benim öğrenmek istediğim başka şey!

— Öyleyse sor anne!

— Orada Ömer ile karşılaşmış olmandan korktum.

— Hayır, karşılaşmadık, anlattım sana, Bahadır Hoca gitmiş oralardan.

— Sen var ya Ömer'i unutamadın Havra, sırılsıklam aşıksın ona hâlâ.

Genz kızın damarlarında dolaşan kanı bir anda durdu ve sanki dondu kaldı; vücûdunun her hücresi üşüdü, tüm tüyleri dikildi birer iğne gibi. Annesine verecek bir cevap da bulamıyordu, beyni durmuş çalışmıyordu.

— Öyle değil mi Havra?

Genç kızın bakışları kucağında idi ama orada neye baktığını bilmiyordu. Annesi nişan alarak ateş ediyordu sözleriyle ona sonra da neticeyi gözetliyordu pür dikkat.

İnce bir ter kaplamıştı sıkıntıdan Havra'nın alnını, konuşmak istemiyordu bu konuda, dili tutulmuş gibi hiç ağzını açmıyor, dudaklarını kat'iyyen kıpırdatmıyordu.

— Yüreğinin sesini dinle Havra, bana öyle cevap ver.

Annesinin sesinde belli belirsiz bir ağlayış vardı, incecik bir yakarış, genç kızın tüm direncini parçalayacak sıcacık bir sevgi akışı.

Havra başını kaldırdı, mâvi bakışlarını annesinin kahverengi gözlerine yaydı sessizce. O yaşlı, yorgun, yılgın gözlerde iki göz yaşı damlası tomurcuklanmıştı ve gittikçe büyüyordu.

Genç kız, görünmez güçler onu binbir iğneli fıçıya batırmış gibi irkildi; annesinin ağlamasının sebebini anlamaya çalışırken aceleyle:

— Anneciğim, dedi, her insanın kafasında aşka dâir başka bir tanım vardır. O büyüyü kendine göre yaşar.

— Biliyorum.

Annesinin gözyaşları yanaklarından aşağı yuvarlanmış, iki küçük, pırıltılı çizgi oluşturmuştu orada. Çok mahzundu bakışları, hatıralara dalıp gidiyor gibiydi. Genç kız altıncı hissinin dürtüsüyle:

— Sen de sevdin gençliği de galiba anne, dedi.

— İnsanoğlu aşka aşıktır; hiç kaçırmaz sevme fırsatını. Babamın ayakkabı mağazasında çalışan, dürüst, iyi, yakışıklı bir çocuk vardı, birbirimizi çok sevmiştik; fakat babam vermedi beni ona fakir olduğu için. Ben de aklımı kullandığımdan diretmedim, babanla evlendim, hata ettim. Hatalar çok pahalıya mal oluyor, bir hayat veriyorsun karşılığında, sen olsun hata yapma kızım.

— Aman anne çok hoşsun, bizim mesele kapandı, ben Ömer'i kaybettim.

— Henüz tamamıyla kaybetmiş değilsin.

— Ömer belki de evlenmiştir anne.

— Zannetmiyorum, duyardık öyle birşey olsa...

Baban çok huysuz, sinirli, geçimsiz biri, ayrıca da cimridir.

— Sana karşı öyle anne dedi Havra çabucak annesini babası aleyhinde daha fazla konuşturmamak için.

— Evet, bana karşı öyle dedi sıkıntıyla Nesrin Hanım. Farklı muamele ediyor kızlarına. Ben bereketli verimli topraklarda bolluk içinde büyüdüm, babamdan da istediğim kadar harçlık alırdım, ama kocam gıdım gıdım veriyor bana parayı. Koca adı altında bir düşman bana yatağımda.

Havra, şöminenin yanındaki çıkıntı yere oturdu, yandan bir odun attı ateşe:

— Anne neden öyle konuşuyorsun, dedi sen de biliyorsun ki bunun sebebi kendinsin. Babam sana biraz fazla para verse taksitle takı almaya kalkıyorsun derhal, bu kez de borç ödeme problemi başlıyor.

— Yatırım yapıyorum.

— Babam istemiyor işte senin bu takı yatırımını.

Nesrin Hanım kolundaki dört bileziği şıkırdattı:

— Bugün bileziklerimi satmaya kalksam kimbilir kaç milyon eder. Zorla koparttım babandan bunları. Ömer'in hem kendi zengin hem de gönlü zengin, nasıl istemem onunla evlenmeni.

Allahım! Neler diyordu annesi? Genç kızın vücûdunun her hücresinden kıvılcımlar çıkmış, toplanıp kocaman bir kor parçası olmuştu beyninde. Avucunu tepesine bastırdı:

— Anne dedi Havra, boğulurcasına sabrının en son gücüyle, fakat yine de yüksek sesle, yalvarırım bana bir daha Ömer'den bahsetme.

— Yumuşak bir tavırla konuş, haykırma, ne hissettiğini biliyorum. Aradan iki sene geçmiş, imkânsız görüyorsun barışmayı.

— Ah! Ah!

— Ne oldu?

— Başım anne, başım ağrımaya başladı, bıçaklar saplanıyor sanki.

Annesinin sözleriydi bıçaklar, fakat genç kız yutkundu, demedi bunu annesine.

— Dur, sana bir ağrı kesici getireyim. Sen uzan yat şu divana.

Ablası kadar değilse de sıkıldığı vakitler Havra'nın da başı ağrırdı. İki tablet analjezik yuttu. Birkaç saat uyuduktan sonra ancak kendine gelebildi, gözlerini açtığında hafiflemişti başının ağrısı. Genç kız, annesinin üzerine örtmüş olduğu battaniyeyi ucundan tutup yana attı, yattığı yerde doğruldu, ayaklarını yere indirdi, rahatsız olmuştu sırtındaki dar eteklikten.

— Tünaydın Havroş.

— Öyle bir uyumuşum ki tünaydınlıkım gerçekten anne.

Annesi yerde bağdaş kurmuş oturuyordu, üst üste konulmuş bir yığın dergi vardı yanında. Bir tanesini yere sermiş, sahifelerini çeviriyor, dikkatle bakıyordu resimlerine.

Havra göz kapaklarını ovaladı, gerindi, saçlarını tek örgü yapıp arkasına bıraktı:

— Sen ne arıyorsun o dergilerde anne? dedi.

— Bebe giyim eşyalarının resimlerine bakıyorum, çok hoş şeyler hepsi. Çocuk yaz koleksiyonu cıvıl cıvıl. Hızlı değişimlere ve gelişimlere sahne oluyor moda son yıllarda. Fikirler değiştikçe moda da değişiyor, en hızlı değişim çocuk kolleksiyonunda. Çocuk ayakkabıları dahi ne cici, çocuk olasım geliyor baktıkça. Çantalar, saç tokaları, gözlükler, şapkalar, aksesuar yelpazeleri de geniş. Şuraya bak Havroş spor ağırlıklı giysilerin arasında doğum günü, bayram günü gibi özel günler için hazırlanmış modeller mevcut. Birkaç güzel pamuklu kumaşım var açık renk, bunlardan model seçip onları diktireceğim ablanın çocuğu için üç ayımız kaldı doğuma.

— Anne, ablamı da meraklandırmıştın, geldiğimi bildirdin mi ona?

— Telefon açıp söyledim sen uyurken.

Bakışlarını tembel tembel gezdirdi Havra dergi yığınında:

— Model bulabildin mi dedi, sen biraz müşkülpesentsindir.

— Bir sürü buldum. Doğuma onbeş gün kalınca da gider Asil Çocuk Moda Evi'nden birkaç tane hazır elbise alırım, şimdilik en iyi marka onun.

Gözlerini açıp kapatıyor, belini ovuşturuyor, sırtını düz tutuyor, gene de genç kız kurtulamıyordu uyuşukluktan.

Elini ağzına götürdü, hafif bir şekilde dudaklarına üst üste vurarak tembel tembel esnedi bu kez de, açılır umuduyla.

— Ablama takı almayı düşünüyordun, kaç gündür sesin çıkmıyor n'aptın o meseleyi anne, vaz mı geçtin?

— Hiç vazgeçer miyim kızım, bizim ilk torunumuz geliyor, uzun konuşmalardan, aylar süren tedaviden sonra. Sana bir pembe haberim var, son gittiği doktor Oğuz Burçak, bir tehlike görmemiş doğumunda; telefonda söyledi az önce. Süpriz yapmak istiyorum ona takı hususunda; Tiffany'den almayı düşünüyorum.

Tiffany, dünyanın beş kıt'asında mücevher denince akla gelen ilk isimlerdendi. Dünya jet sosyetesinin, Hollywood yıldızlarının, tanınmış kişilerin tercih ettiği bir marka idi. Babası adını duysa indirirdi masaya yumruğunu, takıya karşı müthiş bir allerjisi vardı.

— Sakın ha dedi Havra, babam çok kızar anne.

— Milyarlar değerinde bir gerdanlık düşünmüyorum ben, deli değilim aklım başımda. Tiffany'nin geneksel mâvi kutusu içinde küçük bir çift gümüş küpe alsak ne zarar var bunda?

Tiffany'nin ünlü gezgin mücevher sergisi Eylül'de Çırağan Sarayı'nın hamam bölümünde açılmış beraberce gitmişlerdi, Havra Meloş ve anneleri, hayran kalmışlardı mücevher ile saat koleksiyonlarına. Özgün çizgiler, yüksek kalite olunca pahallılık kaçınılmazdı fakat onların bütçesine uygun parçalar da görmüşlerdi. Havra babasına bunlardan bahsettiği zaman:

— Amerika'yı mı zengin edeceğiz, o zâten zengin kızım, bizim kapalı çarşımız ne güne duruyor demişti.

— Anne, almayalım, dedi Havra, babamı sinirlendirmeyelim neş'eli günümüzde. Küpeleri almakta bir zarar yok evet, fakat fayda da yok bize bundan.

Biliyor musun Havroş sık sık ne hatırıma gelir?

Genç kız eğildi, bakmak için bir dergi aldı eline yerden.

— Sen söylemeden nereden bileyim anne, dedi bakışları derginin kapak resminde olduğu halde, müneccim miyim ben?

— Ayy..., lâfın gelişi öyle diyorum anla işte, söylemeden bilinmez tabiî.

Derginin kapağındaki mankenin, omuzlarına doğal bir tarzda bırakılmış saç stili Havra'nın ilgisini çekmişti, dikkatle ona bakıyor, daha önce nasıl olupta farketmemiş olduğunu düşünüyordu.

— Ömer sana Tiffany'den alırdı kanımca takını.

Bir şapşal gibi tutuldu kaldı genç kız, Ömer hakkında konuşmaması için annesinden ricada bulunmuştu, ondan hâlâ nasıl bahsederdi böyle uluorta. Dişlerini sıkmasa bir saralı gibi kendini yere atacak, halıları yumruklayacak, avazı çıktığı kadar bağıracak. Kalbinde her an Ömer'i düşünmek, aklında dâima Ömer olmak, bir de bu sık sık canını yakacak Ömer hatırlatmaları, kahrediyordu onu.

Anne, acıyarak baktı, kızının kıpkırmızı yanaklarına, kor kor olmuş gözlerine, dudaklarını büyük bir gayretle sıkışına, alt üst ediyordu Havra'yı Ömer'in anılması. Böylesine sevmek zordu, seneler geçmiş söküp atamamıştı gönlünden Ömer'i. İçi ürperdi, canı acıdı annenin çaresizliğinden, Ömer dönmemişti, dönmeyecekti de. Havra için kaçınılmazdı aşk ve gurur savaşıvermesi böyle devam ederse.

Dersten bahsetmişti Havra; ama belki oralarda oyalanırdı, belki de bir talih çalıverirdi kapılarını birgün. Bu dünyada ne talihli insanlar vardı, aşkı, güzelliği, zenginliği üçünü de bir arada bulabiliyorlardı pekâlâ. "Allah'ım benim yavruma yardım et" diye bir duâ yükseldi kalbinden, rahatladı, şefkatle süzdü kızını:

— İsmâilağa'ya ders almaya gideceğini söyledin kararın kat'i mi, dedi.

— Kat'i anne, konunun değişmesi ateşi söndüren bir su etkisi yapmıştı Havra'da.

— Ne diyelim, hakkında hayırlı olur inşaallah.

O günden sonra Havra haftada iki gün, Fatih'te Çarşamba'ya gitmeye, Asuman ve Câhide hoca hanımlardan İslâmî ilimleri tahsil etmeye başladı. Öğrendiklerinden sonra Ömer'in tamamen haklı olduğunu iyice anlamıştı ama katlanmak mecburiyetindeydi yaptığı şeyin sonuçlarına; bir hatadan ve saçmalıktan ibâret olsa da.

İnsan bazı şeyleri yaşayarak öğrenebiliyordu. Çok acı bir ders vermişti hayat ona.

Ömer'i hayatından çıkaralı iki sene olmuştu, ona sadece anıları kalmıştı geride. Açık bir denizin ortasında yapayalnızdı sanki, tek bir küçük gemi görünmüyordu ufukta. Son görüşmelerinden sonra Ömer bir daha asla telefon açmamıştı, bir haber de salmamıştı, bir selâm dahi göndermemişti. Havra, gözyaşlarının akmaya başladığını farketti. Gözyaşları, nadiren sevinç hissinin doğal bir tarzda dışa yansımasıydı, onlar çok kerre ızdırabın sessiz sözleriydi.

Genç kızın belleğinde anılar insafsızca sere serpe geziniyor, tepiniyorlardı ağlaması için, daha çok ağlaması için. Ne kadar zordu ölümsüz bir pişmanlık duymak. Ma'mur olan geleceğini kendi elleri ile dinamitlemiş bir harabeye çevirmişti. Çöl sıcağında Leylâ arayan bir Mecnun olmuştu kalbi enkazın arasında. Genç kız yorgundu, hüzün dağlarının altında, teselli bulamayacak mıydı bir kelime ile olsun, bir lahzacık sabah olmayacaktı gönlünde ebediyyen... İyi ki de ders verdiği odada yalnızdı, kapısı da kapalıydı kimse görmeyecekti hıçkırarak ağladığını.

Ancak kapı açılmış, Câhide Hoca giriyordu içeriye. Havra'nın ağladığını da görmüştü:

— Korkunun ecele faydası yok derler; ağlamanın da olaylara, dedi.

Kabalık etmek için böyle konuşmuyordu Câhide Hoca.

Havra'nın sızlanmaları bırakıp derslerinde başarılı olmasını istiyordu. Gerekli olan ilimleri tamamıyla almadan çekip gitmesinden korkuyordu genç kızın.

Asuman Hoca da Câhide Hoca da onun özel hayatını kat'iyyen didiklemiyorlardı; yumuşak huylu, hayata abartılı bakmayan kimselerdi. Derslerinde ise insanı hayrete düşürecek derecede disiplinli, düzenli, sistematiktiler.

Derse başladığı vakit, genç kızın sinirleri bozuktu. İki hocaya da olayından bahsetmişti.

Şiddetli bir tepkiyle karşılaşacağını zannetmesine rağmen, Ömer'den ayrılma sebeplerini de anlatmıştı, ancak, Asuman Hoca da Câhide Hoca da hiç bir cevap vermemişlerdi ona.

Zamanla, Havra, onların da daha sonra tanıdığı ve pek çok insanın hidayetine sebep olan Aişe Hoca Hanım'ın da gülleri dikenleriyle kabullendiklerini anlamıştı. Ne varki dikenleri, güller üzerinde olduğu gibi bırakmıyor koparıyorlardı onları bir bir sevecen yaklaşımlarıyla. Kendilerini İslâmî çalışmalara vakfetmiş bu insanlar zorla da olsa bir heves uyandırmışlardı genç kızın kalbinde derslere karşı konuşmalarıyla.

Genç kız göz yaşlarını sildi, çantasını açtı Avamil kitabını çıkarıp alelacele rahlenin üzerine koydu, hazır bir durum aldı ders çalışmaya. Hoşuna gitti Câhide Hoca'nın onun bu davranışı:

— Uzak idik yakın olduk, dedi gülerek.

— Benim gibi bu denli dejenere olmuş bir insanla karşılaşmış mıydınız hiç diye sordu Havra, başını öne eğerek.

— Senin kalbin, her bir su damlasının kaybolup gittiği bir kum gölü gibi değil Havra, bahar, taşı yeşertmez sadece. Dünyanın en büyük ilmini alıyorsun elhamdülillah.

Sonra sizin istediğiniz zaman pekâlâ sevecen, bağışlayıcı ve barışçı olduğunuzu farkettim.

— Sinirlerim berbat, çok şikâyetçi bir kız oldum.

— Şikâyetçi değil, inatçı.

Bağışlayıcı, barışcı nihayet de inatçı sözleri ile ne demek istiyordu Câhide Hoca? Zihni bu kelimelerle meşgul olduğundan Havra, birkaç defa şaşırdı ders verirken.

Anlamamak ya da anlamamazlıktan gelmeye imkân yoktu, "İnad etme, dön nişanlına" diyordu Câhide Hoca ona.

Havra'nın yıldızlar kadar uzak gördüğü birşeydi bu ve çok korkuyordu bunu kafasında şekillendirmekten.

Dersinin bitmesini sabırsızlıkla bekledi, kitaplarını çantasına yerleştirdi:

— Beni affedeceğinden emin misiniz? diye sordu Havra hoca hanımın hiç beklemediği bir açık kalplilikle.

— Umut ediyorum.

— Belirsiz ve karmaşık bir iş.

— Bir haber salmaya değer.

Havra elini alnına götürdü, sormak istediği bazı şeyler vardı. Bu sırada kapı çalındı, orta boylu, yere kadar uzanan simsiyah kıyafeti içinde yirmi altı, yaşlarında görünen bir kız girdi içeriye, selâm vererek. Câhide Hoca:

— Havra, dedi sizi Kübra Hoca ile tanıştırayım.

Kübra Hoca, zarif hareketlerle Câhide Hoca'nın gösterdiği yere geçip otururken:

— Sizin dersinize mâni olmadım ya, dedi.

Kübra Hoca, uzun müddettir Câhide Hoca'yı görmemiş hatırını sormak için uğramıştı. Kübra Hoca'nın konuşması düzgündü, belli bir İslâmî kültür aldığını yansıtıyordu her cümlesi. Ve genç kız asrın en büyük trajedisi olarak görüyordu İslâm'ın tanınmamasını. Kübra Hoca liseyi bitirdikten sonra tamamıyla İslâmî ilimleri öğrenmeye ve öğretmeye vermişti kendini.

— Size güç gelmiyor mu dedi Havra Kur'ân'ın anlattığı İslâm'ı yaşamak.

Genç kız sırtını arkasındaki yastığa dayadı ağlayan çocuğunu eğlemek üzere odadan çıkan Câhide Hoca'yı izledi, sonra, Havra'ya döndü:

— Müslümanların çoğu nefsinin arzularına karşı gelmenin zor olmadığı bir günü Cenâb-ı Hak yaratmamış ve yaratmıyacaktır da.

Cennet hiç bir zaman zorluklarla çevrili olmaktan beri değildir. Zorluklar da nefislere kat'iyyen hafif gelmez.

Bu, yaratılış halimize zıt birşeydir.

İnsan kare ortasında bir çizgi, onu dört tarafından da ölüm kuşatmıştır.

Kendimizi dünyada ebedî kalıcı sanabilir miyiz hiç?

Ablası ve Havra nasıl da korkarlardı ölümden, başlarını çevirirlerdi çabucak cenâze arabası yanlarından geçerken.

— Kat'iyyen, ölüme inanmayacağımız en ufak bir sebep yok, öyle istesek de, dedi Havra içini çekerek.

— Kötü işler yaparken Allah'ın katında kendimizin şerefli bir insan olduğumuzu düşünebilir miyiz?

— Ah! Kübra Hoca, dedi Havra, bunun bir çılgınlık olduğunu öğrendim ben, günahkâra, şerefsize, obur insanlara cennetin kapıları kapalı. İslâm'ı hayat edinmek mecburiyetindeyiz.

— Ben şöyle düşünürüm; ölümden sonra benim yerime namaz kılacak yok, oruç tutacak yok, Rabbimi benden râzı edecek yok. Bana va'dedilen ölüm, evim kabir, döşeğim toprak, orada arkadaşlarım böcekler, yılanlar, karıncalar, tarla fareleri ve önümde en büyük korku, kıyametin dehşeti.

Ölünce dostlar geride kalacak, geçim sebepleri kesilecek.

Hiçbir akıllı insana dünya için tam bir sevinci bırakmamıştır ölüm.

Ni'met ehlinin, bütün sahip olduklarını ölüm bulandırmıştır. İçinde ölüm olmayan bir ni'met aramalıdır; o da âhirettir.

Allah'ın rızâsına kavuşma ümidi, insana kolaylaştırıyor ibâdeti. Sonra ölümü çok düşünmek gerek, her an insan kapıyor dünyadan. Miadını doldurmuş olanları hergün sabah, öğlen, akşam, Allah'ın divanına yolcu ediyoruz. Gençti, ihtiyardı diye bir ayırım hiç yapmıyor alıp götürüyor insanları ölüm.

— Benim figanım geç mi kaldı? dedi Havra uzaklara dalmış bakışlarıyla sesi ise kırıktı. Hayatla, dostluk kuracağı çağında âhiret ile arkadaş olmuştu Kübra Hoca. Onunla aynı yaşta oldukları halde Kübra Hoca on senedir bu yollarda koşuyordu.

— Hiçbir müslüman yoktur ki Allah'ın tevbeleri kabul edici olduğunu bilmesin, zararın neresinden dönülürse kârdır derler.

Yüzü Kübra Hoca'ya dönük olduğu halde onu dinlerken, gitmek için hazırlanmaya başladı Havra.

Pardösüsünü sırtına geçirdi, eğildi kitaplarla yüklü çantayı kucakladı. Tereddütle durdu, çantayı elinde mi taşısındı omuzuna mı assındı? Câhide Hoca dönmemişti, onu duraklatan asıl sebep, kafasında cevabını öğrenmek istediği suallerdi. Bu gece yine dönüp duracaktı yatağında bir sağa, bir sola.

— Kübra Hoca, dedi kaç gündür beynime çakılmış bir sual var beni derinden derine çok rahatsız eden, size sorabilir miyim, belki bilirsiniz cevabını.

— Buyrun, sorun.

— Erkeklerin dört kadınla evlenebilme meselesini ve boşanma yetkisinin sâdece kocaya verildiğini bir dergide okuyup dikkatlice düşününce bu beni çok incitti, siz buna ne dersiniz?

Bu sırada içeri girmekte olan genç bir kadın, Havra'nın sözlerini duymuştu. Bu konuya karşı onun da bir hassasiyeti olmalı ki, Kübra Hoca vereceği cevabı düşünürken o:

— İslâm'ın birden çok evlenmeye müsaade etmesi bir emir ve tavsiye değildir, dedi sonra kadın, toplumsal statüsünü ve aranırlığını düşünerek boşama yetki ve kararını alabilir kocasından.

Bunu meselâ kocasının ikinci kez evlenmemesine bağlayabilir. Boşama hakkını kadının alması Hanefîlere göre bir hibe değil temliktir ve koca artık bundan dönmez.

— Temlik ne demek?

— Erkek karısına boşama hakkı tanımış demektir.

Havra gözlerini kıstı, genç kadını dikkatle süzdü, kimdi bu, çok sevimli ve avukat gibi çok düzgün konuşan kadın? Belki de avukattı.

— Kardeşimiz Ayşenur Kafkaslı, mühendistir, dedi, Havra'nın bakışlarında gezinen tecessüs farkeden Kübra Hoca.

Mühendis Ayşenur Kafkaslı anlatıyordu; "Kadın haklarının ne olduğu sâdece câhiliye Araplarına yabancı bir mefhum değildi.

Yakın zamana kadar Batı dünyası dâhil, bütün insanlığın meçhulü idi. Ne yazık ki içinde bulunduğumuz çağda da müslüman erkeklerin çoğu kadın hakkını bilmediği gibi, kadınların kendileri de çok câhildirler bu hususta. Erkeğe dört kadına kadar evlenmeye imkân tanınması, gerçekleştirilmesi gayet zor adalet şartına bağlı kılınmıştı.

Bir erkek adalete riayet edebilecek olsa dahi birinci eşi üzülmesin diye onun üzerine başka kadınla evlenmese, bundan dolayı sevap kazanıyordu.

Mühendis Hanımı dinlerken, aldığı cevaplarla soruları delik deşik olmuş, parçalanarak uçup gitmişti zihninden genç kızın. Öyle düşünmemek için direndiği zamanlar dahi kalbi, Ömer'in onu kat'iyyen üzmek istemediğinden emin kalmıştı demir gibi sert bir inatla, şimdiyse pembe bir hayale uçuyordu aklı da. Ömer, onu asla, kat'iyyen incitmezdi.

Mühendis Hanım, Câhide Hoca'nın kitaplığından, aldığı Kur'ân-ı Kerîm'de ve daha birçok eserlerde, kadın ve erkekle alâkalı hükümlerin yerini göstererek, bizzat okumuştu genç kıza.

Genç kız dışarı çıktığında gözlerinde güven vardı İslâm'a, dudakları saygı ile öpüyordu okuduğu âyet-i kerîmeleri ve hadis-i şerifleri.

İp atlayan, misket oynayan, ellerinde Kur'ânları evlere girip çıkan kız ve erkek çocuklarıyla dolmuştu İsmâilağa'nın daracık girintili çıkıntılı yan sokakları.

Kuytu yerleri yosunlar kaplamış, Bizanslılar'dan kalmış bahçelerde, güvercinler ağıt yakıyordu Osmanlı'nın hatırasına. Can alıcı bir kırmızı olarak patlamıştı karanfiller beyaz güllerin ortasında. Her taraf, zambak, hanımeli, yasemin kokuyor, tatlı bir rüzgâr okşuyordu genç kızın yüzünü. Bahar çümbüşü başlamıştı İsmâilağa'da insanın kalbini alıp hiç kesintisiz peşinde sürükleyen, durmadan uzaklara devamlı uzaklara götüren. Alpler'de kar manzaraları seyrediyor, deve üzerinde Gobi çölünü geçiyor, Miami'nin kalabalık caddelerinde geziniyor, Astoria nehrinden geçiyordu bir gemi ile. Kanarya adalarının bağlarından üzüm topluyor Kilimanjaro'nun vadilerinde, tropikal bitkilerden demetler yapıyordu. Bir bahar büyüsü yaşıyordu Havra, ruhunun dirilişini dinliyordu nostaljinin mühür vurduğu yerlerden geçerken.

Fatma... küçük Fatma günün bir ikramı gibi aynı yerdeydi; bir taşın üzerine oturmuş çekirdek yiyor, gelip geçeni seyrediyordu. Bakışı Havra'ya rastlayınca güneşten kızarmış yanaklarında sevinç uçuştu.

— Abla, diyerek koştu, genç kızın yanına gelip durdu.

— Arabanızı görünce burada olduğunuzu anladım, çocukların ona bir zarar vermemesi için sizi bekledim.

— Teşekkür ederim, dedi genç kız, Fatma'nın sırtını sıvazlayarak.

— Bugüne kadar neredeydin? Fatma hiç görmedim seni.

— Benim anneannem Kars'ta oturur, hastalandı, ona bakmaya gittik, ağabeyimle. Anneannem öldü, biz de geldik, döneli birkaç gün oldu.

— Abla İsmet Efendi Hazretleri'ni ziyaret ettin mi?

— Hayır,

— Gidelim mi şimdi?

— Olabilir, dedi Havra, uzun müddettir hatırından geçen bir şeydi bu ziyaret, cevabını yavan buldu, kafasını toparladı, tabiî memnuniyetle diye ilâve etti aceleyle. Onu kabirleri ziyaretten geciktiren mezarlarda yatanlardan çok daha fazla, onları öldüren o kapkaranlık, merhametsiz, vahşi ölümdü. O değil mi idi insanı hiç ışıksız dar kabre koyduran, evlâdı anasından babasından ayıran, cesetleri eklem yerlerinden ayırıp, parçalarını hayvanlara didiklettiren.

Bahçe kapısından girince, Havra, küçük kızın elini avucuna aldı:

— Şöyle bir el ele tutuşalım Fatmacığım, dedi.

İsmin çok güzel biliyor musun? Sonu "a" olan isimlerin hepsi kulağa hoş gelir; Azra, Ayça,

— Ranûnâ'da güzel abla.

— Hem de çok güzel fakat ben hiç duymadım bu ismi mânâsı ne?

— Peygamber efendimizin ilk Cuma namazını kıldığı vâdinin adı.

Havra çam ağacının altında durdu; birden fren yapan bir araba gibi.

— Fatma dedi, küçük kızın avucundaki elini sevgi ile sıkarak ablamın kızı olacak, orjinal bir isim arıyorlar, Ranûnâ koysunlar söyliyeyim onlara da. Ablama bir çok isim söyledim hiçbirini beğenemedi, reddetti hepsini; nihayet kat'iyyen hayır diyemiyeceği bir isim bulduk Fatmacığım.

Türk mitolojisindeki isimleri araştırıyorlar, ansiklopedilere bakıyorlar, lügatları karıştırıyorlar, illa değişik bir isim istiyorlar kızlarına, Ranûnâ... bir isim ancak bu kadar güzel olabilirdi. Genç kız bir kere daha sıktı Fatma'nın elini:

— Fatmacığım gerçekten hârika bir isim bu, dedi.

Fatma, insan boyu olmuş şimşirlerin arasından, mezarların bulunduğu tarafa bakıyordu, ziyârete gelenlerin sayısı bir hayli fazlaydı.

— Abla, dedi, Fatma onu çok ma'sum gösteren gamzeli bir gülüşle iyiki başında örtün var, bugün hava güzel olduğundan gelen giden fazla.

Havra'nın ağaç yaprakları altında koyu mâvi görünen gözlerine küçük kız sevgi ile teslim etmişti saf bakışlarını.

— Abla, dedi devamlı mı örtünüyorsun? Havra'nın evet diyeceğinin eminliği içinde. Genç kız ona hayır demek istemiyordu fakat yalan da söyleyemezdi.

— İsmâilağa'ya gelirken ve buradan çıkana kadar kullanıyorum örtüyü Fatma. Çocuklar arkamdan artist diye bağırıyorlar aksitakdirde.

— Abla bir uğur böceği konmuş omuzuna.

Kırmızı renk vücûdu siyah noktalarla süslü uğur böceğine, Havra gözünün ucuyla baktı, onu korkutup kaçırmamak için. Uğur böceği iç güdüsü ile yerini beğenmemişti, kanatlarını açıverdi, uçuverdi yeşil ufuklara.

— Burada kelebek de boldur abla. Tanyeri ağarırken gece kelebekleri çıkar, çiçeklere konar onların balözünü emerler. Telli böcekler dolanır ağaçların arasında gece boyunca. İlkbahar ve yaz aylarında geceleri de gelenler olur ziyârete yatırları.

Uyanık gönüller, daha çok uyanmak için buraya geliyorlardı şüphesiz... Hayattayken canlarını canana nezretmiş bu mübarek insanlara, ışığa âşık pervaneler misâli koşuyordu müslümanlar. İsmet Efendi Hazretleri'nin Risale-i Kudsiye'sinden birçok beyitler okumuştu Asuman Hoca Havra'ya. Yaşamlarını anlatmıştı velilerin, onların hikmetli sözlerini duyurmuştu ona.

Bu gönül padişahlarının toprak altında bir cennet bahçesi olan yerlerinden, seslenmeden dâ'vet ettiklerini söylemişti, meclislerine âşina olanları. Ancak beden mülkünde lâyık can lâzımdı bu bulunmaz dâ'vet için.

Ellerini semâya açmış, başları önlerinde, dudakları kıpır kıpır kamburları çıkmış nineleri, Âmin diyen kadınları, bir kenara çekilmiş Kur'ân okuyan genç kızları, Havra huşu içinde seyrediyor bir adım dahi atamıyordu öne doğru.

Gözler vardı görür fakat âmâ, kulaklar vardı işitir fakat sağır... Yani bazı kimselerin kaplerinin gözleri yoktu, kalplerinin kulakları yoktu, bir hayvan gibi. Bir hayvan gibi olmak istemiyordu genz kız, vücûdunu ateş basmış ter içinde kalmıştı avuçları.

— Kabirlerin tam yanına gidelim abla, dedi Fatma, ancak Havra'nın duyabileceği bir sesle.

Genç kız, başını sallamakla yetindi hayır mânâsına, devam etti olduğu yerde kalmaya. O kabirlerde yatan insanların, yaşadıkları onca seneler nasıl sığmıştı o bir avuç topraklarına... Genç kız ölümü görmek istercesine uzun uzun bakıyordu mezarlara karşıdan.

— Abla, annem beni merak eder gidebilir miyim?

Havra bomboş gözlerle baktı Fatma'ya, tamamen unutmuştu onu.

— Tabiî, dedi kafasını silkeleyerek. Kendisi de burada böyle dikili kalamazdı ebediyyen; ne garipti ki bu kabirler onu Ömer'in bahsettiği Adn Cennetleri'ne çağırıyor gibisine geliyor, ayrılmak istemiyordu buradan.

İkindi namazını kılmak üzere erkenden, daha ezan okunmadan basamaklardan erkekler çıkıp geliyor câmiye giriyorlardı saygılı davranışlarla. Okumasını bitiren kadınlar kızlar kabirlerin yanından çekiliyor, birbirilerinin ardınca acele yürüyerek ayrılıyorlardı Tekke'den.

Fâtiha'yı okuyup, ellerini yüzüne sürdüğünde, Havra'dan başka kimse kalmamıştı ortalıkta hanım olarak. Câmi dolmuş, kabirlerin etrafı bomboş kalmıştı. Güzel ve parlak renkli kanatlarını açmış gündüz kelebekleri uçuşmaya başlamıştı kabirlerin arasında keyifle. Birkaç yorgun kırlangıç câminin şerefesine konmuş, aralarında konuşarak yuvalarını araştırıyorlardı ağaçların tepelerine endişeli gözlerle bakınarak.

Şimdiden iri taneli beyaz dutlar, kıpkırmızı kirazlar, leziz kayısılar vadeden iç taraftaki ağaçların gölgelerinde kimbilir kaç defa dini sohbetler yapılmıştı, kimbilir kaç insan oralarda hidayete ermiş, mânevi doğumları ile yeniden başlamışlardı hayata.

Duvar diplerini boydan boya kaplayan sümbüller, yeşil kollarını gökyüzüne doğru açmış, yapılan duâların ka'bûlü için.

"Âmin" diyorlardı mâvi başlarını hafifçe eğerek.

Tekke'nin zamanın aşınımına uğramış yeşil boyalı tahta kapısından dışarı adımını atınca daha genç kız, sol tarafına baktı, sonra bakışlarını tâ İsmâilağa Câmii'nin köşesine kadar uzattı orada tuttu. Sokağın iki ucunda da câmi ve kabir vardı, hayat ile ölüm arasında bir uzantıydı bu İsmâilağa Sokağı.

Hayır, hiç imkânsız diyordu genç kız bir benzeri olamaz İsmâilağa Sokağı'nın dünyada. Sondaki ölümü görüyordunuz mânevi hayata uyandığınız yerde Havra aşık olmuştu İsmâilağa Sokağı'na. O gün akşama kadar evde odadan odaya gezinirken aklına hep İsmâilağa sokağı vardı ona âit, sevda türküleri dinledi gönlünde sessiz sessiz.

— Bir hoşsun bugün Havroş, dedi annesi âniden açık kapıdan genç kızın oturduğu balkona girerek.

Bir değil, sayısız hoştu Havra, hayatla barışı yaşıyordu içinde, genzinden hala Tekke'de teneffüs ettiği sümbül kokuları gelirken.

— Meloş'u bir daha ara kızım, dedi anne, gelmiştir eve artık, çok sevinecektir kızına bulduğun isme.

Havra da sabırsızlanıyordu bunun için, geldiğinden beri beş kere aramıştı ablasını. Annesi odadan çıkınca, genç kız bir daha Meloş'un numarasını tuşladı, telefon derhal açılınca:

— Meloş nerdesin, dedi telaşla.

— Bebeğin eksik eşyaları vardı onları almak için çıkmıştım.

— Haklısın, durdukça bir sürü şey gelir insanın aklına.

— Öyle.

— Hârika bir isim buldum yeğenime .

— Evet, neymiş?

— Ranûnâ. Ra-nû-nâ

— Çok güzel Havroş.

— Beğeneceğinden emindim; bana nasib oldu kızına isim koymak, bu benim çok sevineceğim birşey.

— Mânâsı ne?

— Mânâsı mı, Peygamber Efendimizin ilk cuma namazını kıldığı vâdinin adı.

— Kızım namaz kılmaya mecbur kalmasın sonra.

— Zırvalama Meloş, kızım sonra namaz kılmaya, mecbur kalmasında, ne demek oluyor? Belli bir yaştan itibaren İslâm zaten sorumlu tutuyor bizi namazdan.

— Erkek çocuklarına Muhammed ismi pek konmaz meselâ ama.

— Doğru, haklısın, erkek çocuklarına Muhammed ismini koymaktan halk çekiniyor, biliyorum, fakat yanılmıyorsam, peygamberimiz hayattayken müsaade yokmuş bu ismi koymaya.

— Muhammed ismi konulduğunda anne çocuğuna yüksek sesle bağırırsa Peygamber'e saygısızlık edileceğinden korkuluyor, Havroş.

— Peki Peygamber'in bildirdiği emirleri yapmamayı, nehiylerden kaçmamayı niye hürmetsizlik olarak görmüyorlar?

— Konuyu dağıtmayalım şimdi.

— Tamam hayatım; batıl hafiftir, mahvolmaya mahkûmdur, hak ağırdır, onun kaderi de ebedi olmaktır, bunu bilmemiz yeterli Meloşcuğum.

— Bakıyorum, Demokles'in kılıcı oldun!

— Ne münasebet Meloş.

— Her konuşmamızda Müslümanlığı anlatıp duracaksın bana bundan böyle, korkarım.

— Korkma bundan Meloş memnun ol, hem müslüman müslümanlıktan korkar mı hiç, karnı ağrıyıncaya kadar insanı güldürtecek bir söz bu.

— Bu sözlerin senin olduğuna inanasım gelmiyor, neyse işim var, akşama ben telefon açarım.

— Oldu Meloşcuğum, akşama yine görüşürüz.

Genç kız telefonun düğmesine bastı, konuşma kesilince titreyen parmakları gayrı ihtiyârî bir başka numara tuşladı. Yalnız parmakları değil ayakları da titriyordu, telefonun taburesine çökercesine oturdu, beklemeye başladı karşı taraftan telefonun açılmasını. Ne çılgınlıklar, ne delilikler ediyordu böyle!

Telefona doğrudan Ömer çıkarsa kapatacaktı, tetik bir vaziyette nerdeyse nefes almadan oturuyordu.

Telefon çalıyor fakat açılmıyordu. Kimsenin olmamasına imkân yoktu bu saatte mağazada, telefonu öbür kulağına geçirdi bir şey yapmış olmak için.

— Alo...

Ömer'in sesi değildi, telefona cevap verebilmek için koşmuş nefes nefese kalmış bir başka kalın, kaba bir erkek sesi. Bir ses alamayınca yine kaba fakat daha yüksek sesle bağırıyordu:

— Alo... Alo...

Havra dikkatle dinleyince sesi tanıdı, Ömer'in muhasebesine bakan Yâsin'in sesiydi. Yirmi senedir şehirde yaşamasına rağmen, köy hoyratlığını üzerinden hiç atamamıştı. On yaşına kadar köyde kalıp otlattığı ineklere su içirirken:

— Ohhoo... dediği gibi "Alo" diyordu. Ömer, çelebi tavırlı, sâdık bir dost ve dürüst biri olduğu için yanında tutardı onu. Ömer'in büyük hazır giyim mağazasının en çalışkan elemanıydı. Ömer olmadığı zamanlar işleri o idâre ederdi.

— Yâsin ağabey, dedi genç kız ben Havra, Merhaba!

Yâsin'den hiç cevap gelmeyince:

— Yâsin ağabey orada mısın, diye sordu genç kız.

Yâsin oradaydı, anlamaya çalışıyordu birinin ona telefon şakası yapıp yapmadığını.

— Havra'yım, Yâsin ağabey Ömer'i soracaktım, dedi genç kız, ağzından çıkan sözleri kendisi şaşkın, şaşkın dinlerken. Üstelik onca günler geçmemiş gibi soruyordu Ömer'i. Ömer telefona gelse tek kelimesini bilmiyordu ne diyeceğinin. Ancak Ömer, orada değildi Maldiv adalarına gitmişti Bahadır Hoca'yla beraber.

Havra ile Ömer'in ayrılmasına Yâsin çok üzülmüştü, bir gün telefon açıp, yalvarmıştı genç kıza barışmaları için.

Genç kız da Yâsin'e bunun bir katılık değil onur meselesi olduğunu Ömer'in onun kızlık şerefiyle oynadığını söylemişti. Gelin evindeki eşyaları almak için Yâsin yardıma geldiğinde:

— Yanlış bir otoparka, parketmişim kalbimi Yâsin ağabey hatama devam edemezdim, demişti.

Yâsin, Havra'ya yenge derdi, genç kızda çok hoşlanırdı bundan, bir müzik gibi gelirdi bu hitap kulağına onun çirkin sesine rağmen. Yâsin birşeyler olacağını hissetmiş telaşla soruyordu.

— Maldiv'in telefon numarasını vereyim mi? diye

Genç kızın gururu, artık umurunda değildi. Tetiğe basmış, düşmüştü kaderinin ardına. Not defterini önüne çekti, kalemi eline aldı:

— Ver Yâsin ağabey, dedi, heyecanla.

Numarayı dikkatlice not etti, kâğıdı koparıp, bluzunun cebine koydu:

— Teşekkürler Yâsin ağabey, dedi Telefonu kapatacakken, Yâsin:

— Bir dakika yenge deyince, genç kız, telefonu tekrar kulağına dayadı.

— ...

— Evet, sizi dinliyorum dedi Havra, muhasebecinin soluk alıp verişlerini duyuyordu çünkü, fakat her ne diyecekse çekiniyordu söylemeye.

Genç kız üsteleyince, Yâsin büyük bir samimiyetle bir takım endişelerini arka arkaya sıraladı.

Yâsin, Ömer'in âilesinin tüm ferdlerinin çok kızgın olduğuna dikkatini çekiyor, yalnız olarak onlarla kat'iyyen görüşmemesini tavsiye ediyordu.

— Biliyorum, dedi genç kız az önce yazı yazdığı kalemi elinde evirip çevirirken düşünceli olarak.

— Bütün bu söylediklerinizi ben de düşündüm Yâsin ağabey. Babalarımız yalnız kırgın değil birbirine kızgın da. Anneler çabucak barışır, kardeşlerimizin de büyük bir problem çıkaracağını zannetmiyorum aralarında.

Öylesine dostça konuşmuşlardı ki genç kız asıl korktuğu şeyin ne olduğunu söylemeden edemedi:

— Benimle barışır mı acaba Ömer Yâsin ağabey?

— Ona sormak lâzım bunu kendisi bilir yenge, özür dilerim birşey diyemem ben.

— Benim ki deli saçması bir suâldi Yâsin ağabey özür dilemenize gerek yok, kim olsa sizin gibi cevap verir: "Kendisi bilir"

Genç kıza öyle geldi ki beyninden ter fışkırıyordu, çok utanmıştı sorduğu suâlden. Aldığı cevâp ise onu daha aşağı kılıcı nitelikteydi. Ne ümid etmişti? Nasıl cevâp verileceğini tahmin etmişti? Ömer adına kim konuşabilirdi ki? Annesi mi? Babası mı? Kardeşleri mi? Hiç biri, soracak olsa herkes aynı şeyi söyleyecekti ona; "Kendisi bilir".

Genç kız Ömer'e telefon edecek güçte hissetmiyordu kendisini, Yâsin ile yaptığı konuşmanın etkisinde idi henüz. Ömer'i yarın ki gün Meltem'in nikâhından döndükten sonra aramaya karar verdi. Meltem, Alpay Güven ile evleniyordu iyi de ediyordu. Meltem'in hayattaki beklentileri ile Alpay Güven'in beklentileri uyuyordu birbirine. Nasıl olup da evlenmeye karar verdiğini sorduğunda amca kızı:

— Evliliğimin önüne mermer sütunlar gibi dikilen ardı arkası kesilmez "ama"ları bir evet ile yenip, kadere teslim olmak ile demişti. Nikâhtan sonra, gece, âile arasında bir toplantı yapacaklardı. Sabah saat on uçağı ile de Belçika'ya uçacaklardı yeni evliler. Meltem'in annesi ile damadın âilesi beraberce çocuklara bakacaklar, Alpay işlerini tasfiye edince döneceklerdi Türkiye'ye.

Düşünmekten kafası karışmıştı genç kızın.

Meltem'e telefon açıp, onun fikrini mi sorsaydı acaba? O da aynı cevabı verecekti; "Ömer'in kendisi bilir Havra." İhtiyacı olduğu psikolojik desteği de, Hayır veya Evet cevabını da Havra'ya verecek tek kişi Ömer'di. Lamı cimi yoktu bu işin.

— Havra, arkadaşların geldi, nereye geçireyim?

Aysel cırlıyordu sokak kapısının yanından sesini genç kıza duyurmak için.

— Salona buyur et, ben de geliyorum şimdi, diye genç kız boğazı yırtılırcasına bağırdı sesini duyurmak için.

Hiç gitmek gelmiyordu içinden arkadaşlarının yanına; kendi tenhalığında düşlerini kurmayı istiyordu o yalnız kalarak. Sâdace Ömer'in hayali gezinmeliydi odasında. Ömer'e söyleyeceği sözleri tasarlamalı, ona neler diyeceğini düşünmeliydi. Hâlâ elinde tuttuğu kalemi yerine bıraktı, tabureden kalktı. Gardrobun kapağındaki boy aynasına akseden hayaline baktı inceden inceye. Sırtında dar mor etek, kısa kollu yeşil merserize blûz vardı önü büyük metal düğmeli. Tepesinde toplayıp arkasına bıraktığı saçlarından kurtulan bir kaç tel saç alnının üzerine düşmüştü kıvrımlar yaparak. Birgün Ömer onlara geldiğinde bu giysiler bulunuyordu genç kızın üzerinde. Bir mor zambağa benzemişsin, fakat sen benim Sevda Çiçeğimsin demişti Ömer. Müşterek hatıraları Ömer'in muhayyilesinden silinmiş olabilir miydi? Genç kız hayır, diye fısıldadı buna dayanamam ben. Merakı, damarlarını deli gibi dolanıyor, kalbini tokatlıyordu neticeyi almak için. Ferhat ile Şirin'in aşkını yaşamaya azimli çılgın gönlüm, yarın akşam öğreneceksin bunu, sabırlı ol, dedi.

— Havroş, Aysu, Nilay seni bekliyorlar salonda, aynanın karşısına geçmiş deliler gibi ne söyleniyorsun kendi kendine.

Sanki ekstradan bir zekâsı vardı annesinin insana beklemediği sualler sormak için ve de insanı ummadığı zamanlarda avlamak için. Kapıdan kafasını uzatmış cevap bekliyordu sualine üstelik. Genç kız aynanın önünden çekildi, odadan çıkarken, annesine doğru eğildi:

— Yüreğinin sesini dinle demiştin ya bana anne, dedi ben de yüreğimin sesini dinliyordum.

— Ne biçim yüreğinin sesini dinlemek oluyor bu?

— Zamane gençliği anne, biz böyle dinliyoruz yüreğimizin sesini. Na'parsın!

Ömer, ilk defa beş sene önce anne-babası ve kardeşleri ile gelmişti Maldiv adalarına.

Bin ikiyüz adadan müteşekkil Maldiv adaları, Hindistan'ın güneybatısındaydı. Beş saat süren bir yolculuktan sonra önce Dubâi'ye gelmişler, oradan ikinci bir uçak yolculuğu ile Maldiv hava alanına inmişlerdi.

Küçük bir gemi ile İhuru'ya geçerken, bir doğa mucizesini görmenin heyecanını yaşamışlardı bütün yolcularla beraber.

Turkuaz rengi okyanusda, gelişi güzel serpilmiş küçük yemyeşil tropikal orman kümeleri gibi seyrediliyordu adacıklar.

Sevinç çığlıkları atarak izlemişlerdi kardeşleriyle dalgalar arasında birbiri ardından koşup eğlenen yunus balıklarını.

O zaman iki hafta kalmışlardı İhuru'da. Bu ikinci gelişinde Bahadır Hoca eşlik ediyordu Ömer'e.

On gündür, Fullmoon'da idiler, yan yana ayrı odalarda kalıyorlardı. Bir gemi kiralayarak Himmafushi'ye gitmişler, yerli halkın geçim kaynaklarından olan tahta eşyaları seyretmişler, birkaç parça da hediyelik almışlardı.

Bir gün de Male'ye geçmişler, üstü kapalı fakat her tarafı açık, geniş mermer merdivenli, koyu kahverengi müthiş bir san'atla oyulmuş tahta pencerelerle süslü sahile yakın büyük câmide ikindi namazı kılmışlardı.

Bir başka günde bir gemi kiralamışlar geminin ortasına yerleştirilmiş büyük camdan denizin dibini seyretmişlerdi Foolman açıklarında.

Dal budak salmış bir ağaç, kocaman bir papatya ya da hiçbir çiçeğe benzemeyen kendine has ama fevkalâde güzel şekiller almış mercanlara, denizin dibindeki vadilere büyük bir zerafetle süzülen renkli balıklara, kayalar arasında uykuya dalmış iri kaplumbağalara, Allah'ın varlığının delilleri olarak bakmışlar, kendilerine lûtfedilen onları görme ihsanından dolayı vecd ile titremişler, hamd etmişlerdi Cenâb-ı Hakk'a.

— Tefekkür, kendisiyle imanın tahakkuk ettiği hidayet kapılarından biridir Ömer demişti Bahadır Hoca.

Kur'ân tabiî güzelliklerin zevkine varmaya çağırır bakışlarımızı:

"Bakıp ibret alanlar için onu süsledik" Hicr: 16

buyuruyor Rabbimiz. Eşsiz ziynetlere bezenmiş bir kâinat yaratmış yüce Allah bize.

Birkaç gece de geç saatlere kadar Foolmoon'un iskelesinde pineklemişlerdi köpek balığı görebilme ümidiyle.

Değil kocamanını, küçük bir köpek balığı yavrusu dahi görememiş vaz geçmişlerdi o sevdadan.

Onlar ekseriyetle Foolmoon'a çok yakın, fakat çok küçük bir adacığa yürüyerek geçiyor, denize oradan giriyorlardı tenhalığından sebep.

Ömer ve Bahadır Hoca, civar gezilerini tamamlamışlardı, güneşin batışını seyretmeye karar verdiler o günde. Sahile indiler palmiye ağaçları altındaki beyaz boyalı tahta şezlonglara uzandılar. Denizde kimsenin kalmamasından istifade ederek, neş'eli, şen dalgalar, köpükleri birbirinin kucağına atarak aralarında oynaşıyor, gökyüzünde yarasalar koşuşuyordu bir adadan, diğer bir adaya.

— Hocam, dedi Ömer, Maldiv gerçekten görülmezse olmazlar arasında bir diyâr.

— Cenâb-ı Hakk'ın yarattığı her zerre onun varlığına, birliğine kemâl sıfatlarına delildir komutan, yâni görülmezse olmazlar arasındadır, diye cevap verdi Bahadır Hoca, bir nakış gibi gökyüzünü süslemiş olan sarı ve kızıl renkli bulutlara bakarak.

— İlâhiyat mezunu biri ile vezinsiz konuşursan, böyle terslenirsin kibarca dedi Ömer şakacı bir tebessümle.

İmanlı bir insanla seyahat de zevkli oluyordu.

Sahil boyunca mini etek, bazısı da pantolon giymiş birkaç genç kadın ile ayağına kısa bir şort, sırtına kısa kollu penye kazak geçirmiş genç erkekler, ayakta dikilmişler öyle duruyorlardı.

Bir tâne dâhi boş kalmamıştı, orta yaşlı ve ihtiyar erkekler ile dolmuştu şezlonglar.

Güneşin batmak üzere olduğu yere dikmişti herkes gözlerini.

Bahadır Hoca ikindi de yaptığı zikrini bitirmişti, elinde tuttuğu tesbihini cebine koydu. Önündeki arkalıkları uzun olan şezlonglardan güneşi göremiyordu, ayağa kalktı, o uygun bir boşluk bakınırken güneş ufukta kayboldu, ardında gözle görülür renkli bir hayal güzellik bırakarak.

Aynı anda, şezlonglarda oturanlar aceleyle ağızlarına dayadılar ellerinde tuttukları küçük şişeleri.

Erkekler kollarını önlerindeki kadınlarının bellerine dolamış, yüzlerini yaklaştırıyorlardı birbirlerine.

Ayakta dikili duran erkek ve kadınlar sarmaş dolaş olmuşlar, yüzlerini yaklaştırıyorlardı birbirlerine.

Onlara ve boşalmış votka ve likör şişelerine Bahadır Hoca müthiş bir sersemlikle bakıyordu, kıyamet kopsaydı genç adam şaşırmazdı böylesine. Güneşin batışını kutlamışlardı Neron'un Roma eğlencelerini yaşayarak.

— Ömer, dedi bu ne insanlık zilleti. Sanki saçmalı bir fişek atıp vurdular beni, aklım bir an terketti kafamı, darmadağın oldu bütün duygularım, yere düştü düşüncelerim hissettiğim acıdan. Halkı müslüman olan Maldiv adalarının genç insanlarına ne kötü örnek bu çılgın turistler.

Akşam yemeğini yiyip lokantanın arka tarafındaki büyük havuzun yanına vardıklarında da, otel müşterilerinden birkaç kişinin barın yüksek taburelerine oturmuş olduğunu gördüler.

Bara girenleri kibar tavırlı bir body guard karşılıyordu sevimli bir tebessümle. Köşede küçük bir sahne vardı; müzik başlamış genç bir kız saçlarını savurarak, eli ile tempo tutup şarkı söylüyor, kadehlerini yudumlayanlara neş'eyle hüznü sentezleyip, bir başka yüzünü yaşatmaya çalışıyordu Maldiv eğlencelerinin.

Zakkumların yanından geçip kumsala inerken:

— Dünya S.O.S veriyor, dedi Bahadır Hoca, müthiş bir birliğe ihtiyacı var müslümanların.

Anlamadım gitti kardeşim şu batı dünyasını. Hz. İsa da, onlara dünya hayatının hesabının verileceğinden, âhiretten, cehennemden bahsetti. Kimsenin bunlardan sözettiği yok. Zaman eğlence zamanı, diyorlar.

— Evet, dedi Ömer, enerjisini kerpeten yapıp ağzını zorla açarak.

Sabah kalktığından beri kendini iyi hissetmiyordu; iştahı olmadığı halde yemek yemiş, hiç bir istek duymayarak girmiş çıkmıştı denize. Şimdi de yürümek ağır geliyordu ona, sanki ayakları kurşundandı.

— Bugün sende bir tuhaflık var, dedi Bahadır Hoca.

— Dün çok açılmışım, yorulmuş olacağım, diye cevap verdi Ömer, söylediği mazeretinin tamamen yalan olduğunu bilmenin utancıyla.

Ben Havra'yı unutamıyorum derdim o, diyemezdi ya!

Üçüncü senesi başlamıştı ayrılıklarının; ömrü varsa nasıl geçecekti önündeki yıllar, yanında Havra olmadan. Parmağından yüzüğü çıkarmak kolay olmuştu, ama asıl önemlisini yapamamış, kalbinden Havra'yı söküp atamamıştı. İlk birkaç gün bir durgunluk gelmişti Ömer'e, fırtınadan önceki derin, garip sessizlik gibi. Sonra o sükûnet gitmiş, fırtınalar esmiş, kasırgalar kopmuştu ruhunda ayrılığın acısından. Bitmeyen bir söyleyiş başlamıştı Havra ile gönlünde, "nasıl hançerliyebildin bu tertemiz sevgiyi" diye mütemadiyen sorguya çekmişti onu. Yıldız kayar gibi akıp giderken pembe hayâllerin üzerinden, fantezilerin uçukluğu da vardı sevgilerinde. Herşey ne kadar güzeldi o zamanlar. Sonra, Havra şiddetli bir kopuşla bırakıvermişti Ömer'i yapayalnız. Yaşamını mânâsızlaştırıyordu, önünde uzanan sonsuz ve bomboş ufukları, hiçbir şeyden zevk alamıyordu kendisini zorlasa da.

Ayın onbeşi idi, mehtap incecik altın iplikler serpiştiriyordu Maldiv adalarına; palmiyeler, Hindistancevizi ağaçları, kuş yuvaları hepsi bir büyünün içindeydi. Denizden serin yaz melodileri geliyor, kesintisiz bir meltem ikisinin de yanakları üzerinden geçiyordu sessizce.

Havra, denizi, mehtablı geceleri, çiçek kokularını severdi, buralara gelmiş olsaydı, yüzüne çok yakışan kahkahalar atar, taze bir bahar gezinirdi gözlerinde, bir kuş gibi cıvıldardı.

— Selâmün aleyküm.

Odalarının önüne gelmişler, Bahadır Hoca anahtarı çıkarıyordu cebinden.

Ömer, Bahadır Hoca'nın yalanına kanmadığını anlamıştı hiç konuşmamasından.

— Aleykümüsselâm, dedi Ömer dalgınlığını bir nefeste üstünden sıyırıp atarak. Sen olsun beni anla Bahadır, dedi dayanılmaz bir dertleşme ihtiyacıyla.

— Anlıyorum, azîzîm, anlıyorum. Tüm kâinat sevgi üzerine kurulu. İnsan hayatlarında sevgiden daha önmeli ne var?

Rabbimiz dahî o muhtaçsızlığı ile bizden sevgi istiyor. İmâm-ı Gazâli bütün ibadetlerden maksad hakiki Allah sevgisine vasıl olmaktır der.

Allah'ı sevenlerin, muhabbet makamında özel korkuları vardır ki başkası için o korku bahis mevzuu değildir.

Korkuların bâzısı diğerinden daha şiddetlidir.

O korkunun ilki, muhiblerin Allah'ın kendilerine iltifat etmemesinden korkmalarıdır.

Hicabın korkusu bundan daha şiddetlidir. Uzaklaştırılma korkusu ise ondan da şiddetlidir.

Uzaklaştırılma korkusu ancak yakınlığa ülfet vermiş ve yakınlığın tadını tatmış bir kimsenin kalbinde büyür.

Bu konunun dinlenmesi dahi onları ihtiyarlatır.

Bunun derecelerinden serpintiler yaşanmasına fâninin fâniyi sevmesinde hayret edilmez.

Ne var ki Cenâb-ı Hakk neylerse güzel eyler. Bütün imânlı kalpler için odak, bu sonuçtur.

Bahadır Hoca'nın konuşmalarında çok gizli ikazlar da vardı, sakın isyan etme diyordu parantez içlerinden. Aklı Bahadır Hoca'nın konuşmalarının analizini yaparken, Ömer odasına girdi. Hiç uykusu yoktu; bu gece nereden geldiğini bilmediği, ne kadar süreceğini de tahmin edemiyeceği bir dalgalanma vardı gönlünde. Bir heyecan... Işığı yakmadı; duygulu nefesi gecenin karanlığını delip geçiyor, ümitsiz bir bekleyiş hasretiyle yanıyordu ruhu. Acı acı telefon çalınca genç adam, korkuyla dönüp baktı.

Saat $24.^{\underline{00}}$ idi; yanlış bir telefondu bu, numara hatası yapmıştı her kimse. Gündüz, annesi ile de Yâsin ile de görüşmüştü.

— Zırr... Zırr...

Ancak telefon çalmaya devam ediyordu ısrarla. Genç adam uzandı isteksizce aldı eline telefonu; ahizeyi kulağına dayadı:

— Alo

— Ömer sen misin?

Telefon eden Havra idi; unutmak isteyip tek bir hayalini dahi zihninden silip atamadığı, tek bir sözünü olsun kalbinden söküp koparamadığı o sevgili insandı.

Genç adamın ahizeyi tutan eli titriyordu, kalbi de titriyordu sevinçten. Mekân kıpırdanmış, beyaz orkidelerle dolmuştu odası.

— Ömer sen misin?

— Evet benim, ismimi bir daha duymak istedim senden; gerçeği kuvvetle yaşamak istedim Havra.

Az önce senin hayâlinle, mehtabın altındaydım Maldiv gecelerinde.

— Venedik'ten vaz mı geçiyoruz?

— Evet, diye bağırdı Ömer heyecanla, eğer bir itirazın yoksa.

— Hayır, asla, kat'iyyen itirazım yok; ben de görmek istiyorum Maldiv'i.

— En kısa zamanda burada olacağız inşaallah.

— İnşaallah.

Ve telefon kapandı. Onun Havra'sı böyle bir Havra idi işte...

Allah'ım neylersen güzel eylersin, dedi Ömer sevinç ve coşkuyla. Yatsı namazını kılmak için seccadesini elini alırken. "Rabbim sana nasıl şükredeceğimi bilemiyorum. İsmâlağa Sokağı'nda bana hidayeti nasib ettin. Ve benim Sevda çiçeğimi bana eş edeceksin," diye ilave etti, gözleri yaşlarla dolarken.

Bakışlarının ulaşabileceği yere kadar Hint Okyanusu uzanıyordu Havra'nın önünde. Tam tepedeki Füneş Fullmoon'u ısı ve ışık yağmuruna tutmuştu, gözlerini kamaştırıyordu sâhil boyundaki irili ufaklı beyaz parlak mücevher yığınları gibi görünen çakıl taşları. Bu sıcak atmosferin içinde hiç aralıksız esiyordu her şeyi okşayıp geçen serin bir rüzgâr. Palmiyelerin özenle dokunmuş zümrüt dalları ezgiler fısıldıyordu Maldiv'den.

Otelde kalanların bir kısmı denizdeydi daha, bir kısmı da sörf yapıyordu açıklarda. Bâzıları da odalarına gitmiş, giyinmiş, lokantaya gidiyorlardı çok tatlı bir rehaveti teneffüs ederek.

Havra'dan başka müşteri yoktu cafeteryada, genç kadın ananas ve hindistan cevizi özünden yapılan bir bardak meşrubat içmiş, bir bardak da portakal suyu istemişti. Çubuğu ile portakal suyu dolu bardağındaki buzu karıştırdı erimesi için. Meltem de onun gibi çok severdi portakal suyunu; birbirlerine portakal suyu ikram ederlerdi bir araya gelince. Garsonlar boş olan bardakları toplamış, masa örtülerini düzeltmiş, köşelerdeki büyük vazolara konmuş çiçekleri değiştirmiş, içeri çekilmişlerdi. Yalnız kalmıştı Havra. Çantasından not defterini çıkardı, masaya koydu. Meltem'in telefon numarasını bulmak için bir eliyle sahifeleri çevirirken, diğer eliyle buzu erimiş portakal suyunu yudumladı içindeki sıkıntıyı onunla gidermek istercesine.

— Havra Hanım gelmiyor musunuz?

Havra dönüp baktı; uçak yolculuğu esnasında tanıştıkları karı koca idi. İki çocuklarını yanlarına almış, lokantaya gidiyorlardı yemeğe. Havra elini salladı:

— Afiyet olsun size, dedi, ben bir arkadaşa telefon edip öyle geleceğim. Havra büfeye doğru baktı, bir telefon göremedi oralarda.

Herkesin lokantaya gideceği bir saat olduğu için, kimse yoktu büfede de. Hesabını ödemişti Havra garsona, portakal suyunu getirdiğinde. Boş bardağını bıraktı, not defterini ve çantasını aldı, çıkış yerindeki merdivenleri inip, hindistancevizi ağaçları arasındaki yoldan yürüyerek. Cafeteryanın birkaç metre ötesindeki Water bungolalarının önüne geldi ekvator çiçeklerinin misk gibi kokusunu içine çeke çeke. Altında minik dalgaların oynaştığı, yengeçlerin neş'e ile koşuştuğu tahta köprüden geçti. Odalarının numarası 24 idi, temizlik görevlileri işlerini bitirmiş, kapıdan çıkıyorlardı, Havra onlara İngilizce teşekkür etti. Çocuklar çok memnun olmuş soruyorlardı ikisi birden:

— Would you like me to do something for you madam - Bir arzunuz var mı madam?

Havra başını salladı; hayır yoktu. İki çocuğun da beyaz renkteki gömleklerinin yakalarının arasında ufak bir haç sallanıyordu ince gümüş rengi bir zincirin ucunda.

— Are you katolik or orthodoks - Katolik misiniz, Ortodoks musunuz, dedi Havra.

— Katolik madam.

İkisi birden iftiharla tasdik etmişlerdi katolik oluşlarını. Fullmoon'un personelinin bir kısmı Hristiyandı, Havra biliyordu bunu, onların odalarını temizleme işi bu iki katoliğe verilmişti demek.

— And you madam-Ya siz madam?

Suale kızdı ama, suali soran katoliğin kendisine kızamadı Havra.

Çok uzun boylu, çok zayıf, sarışın delikanlının bakışlarında hiçbir saygısızlık yoktu, geçici bir meraktan soruyordu sâdece. Genç kadının hangi dine mensup olduğunu kestirememişti. Bir papazın "Boynunuza haç takın hristiyanlar sizi müslümanlardan ayırd edemiyor" demesi geldi Havra'nın hatırına sıkıntıyla.

— I'am müslim-Ben müslümanın, dedi Havra ve daha fazla konuşmamak için odaya girdi kapıyı kapadı.

Havra, İngiltere'de iken İngilizcesini ilerletmişti ama kâfi değildi o kadarı. Belçika'da lisan meselesini nasıl hallettiğini sorduğunda Meltem.

"İngilizce ile idâre ediyorum ama Hoca'nın Farsça'sı bir İngilizce benim ki demişti ve anlatmıştı: Nasrettin Hoca'ya sormuşlar;

— Farsça bilir misin?

— Evet, demiş.

— Konuş biraz Farsça, demişler.

— Dağda geyik nazlı nazlı gezerest

Gölde ördek güzel güzel yüzerest, demiş.

— Ama Hocaefendi, bunun neresi Farsça? diye sormuşlar.

— Kelimelerin sonlarındaki restleri farketmediniz mi ha rest demiş. İşte benim İngilizcem de öyle Havra."

Herşeyi rahatça konuşacağı bir İngilizcesi olsaydı, Havra o katolik çocuklarla dînî bir sohbet yapardı meselâ.

Havra yatağının kenarına oturdu, komidinin üzerindeki telefonu eline aldı, uluslararası erişim numarasını, daha sonra Belçika'nın ülke kodunu, ardından Belçika'nın şehir kodunu ve aradığı numarayı tuşladı.

O uzun numaranın ardından telefonun açıldığını farketmişti, ancak ses gelmiyordu.

— Alo, alo Brüksel mi? dedi.

— Evet, Havra sen misin?

Meltem konuşuyordu; pek neş'eli çıkmıştı sesi, sevinmişti amca kızının telefonuna.

— Ben Havra, Meltem.

— Ah Havra'cığım ne iyi ettin aramakla. Şu son birkaç gündür, sana telefon etmek geçiyordu hep aklımdan.

— Yalnız kalp kalbe karşı oluyor değil, akıllarda karşı karşıya oluyor demek. Çok mu dolambaçlı konuştum?

— Biraz, fakat anladım ben söylemek istediğin şeyi.

— Mutlu musun Meltem?

Genç kadına âni bir deniz dalgası gibi gelmişti bu suâl, zihnini aynı sür'atte toparlıyarak birden cevap verdi kestirip atar gibi:

— Gâliba.

— Gâliba mı?

— Eveet! Meltem, sesinin zor duyulduğu zannıyla bağırarak tekrarlamıştı gâlibasını.

— Tedbirli biri olduğunu hatırlayarak, soruma da tedbirli bir cevap beklemeliydim senden, dedi Havra, sitem hissedilen bir ses tonuyla.

— ...

Sesini çıkarmadı Meltem, "Sen nişanlanıp ayrılmışken, mutlu olduğumu mu söyliyeyim sana" diyemezdi ona.

— Sana bir haberim var, daha doğrusu iki haberim var.

Konunun değişmesine sevinmişti Meltem, rahatlamış olarak konuştu:

— Hayırdır, inşaallah.

— Biri hayır, diğeri şer gibi biraz!

— Hayır olan ne, şer görünen ne Havra? Kiminle ilgili?

— Benimle. Çok hayret edeceksin söylediğimde.

Meltem az daha "biz karşılıklı olarak densizliklerimize alışığız, süpriz konuşmalar yaparız ara sıra birbirimize" diyecekti, fakat doğru bulmadı telefonda böyle demeyi. Onun yerine:

— Ne sen beni, ne de ben seni şaşırtmayız kolay kolay dedi.

— Bu defa kesin hayret edeceksin Meltem.

— ...

Amca kızı yüzde bir merakla beklediğinden, sıkıştırmıyordu Havra'yı.

— İkimizde hidayete erdik farklı sebeplerden, sen yaptığın iyiliklerden olacak ben de isyanlarımdan.

— Önemli olan sonuç, dedi, Meltem kalbinden kopup gelen en samimi duygularını sözlerine yükleyerek.

Havra'nın haftada iki gün Çarşamba'ya gidip din dersleri almasına çok sevinmiş ve her konuşmalarında bıkmadan ifâde etmişti bu memnuniyetini ona.

— Biliyor musun evlendim?

— Neler diyorsun Havra, böyle bir şaka yapmazsın sen.

Meltem konuşurken, içinden de, beni gerçekten şaşalatmaya muvaffak oldu diye geçiriyordu.

— Tebrik etmeyecek misin?

— Nasıl etmem Havra, çok tebrik ederim canım. Ancak şunu söylemeliyim hemen, evliliğin benim için şok haber oldu. Kiminle?

— Üç senelik eski, bir haftalık yeni nişanlım Ömer ile.

Meltem telefonu kulağından biraz uzaklaştırarak şapşalca baktı aygıta. Amca kızı nişanlıyken Ömer'i deliler gibi sevdiğini söylemişti, ayrıldıktan sonra da deliler gibi nefret ettiğini. Şimdi ise evlendiğini söylüyordu onunla. Ahizeyi tekrar kulağına dayadı:

— Ömer dedin yanlış duymadım ya Havra, dedi hayretinin sarhoşluğuyla evet deneceğini bildiği halde.

— Evet canım Ömer ile evlendik, ne o inanmadın mı?

— İnandım.

— Sana, adını duymak istemediğimi söylediğim bir insan ile bu paldır, küldür evliliğimi gülünç mü buluyorsun?

— Seni gülünç asla bulmam ben Havra!

— Peki ya ne?

— Uzun bir ayrılık müddeti girdi aranıza ve sen ayrılık döneminde nefret ettiğinden bahsettin Ömer'den.

— Aşkta hezimete uğramış olduğuna inanan bir genç kızın heyelanlarıydı onlar Meltem.

Gökkuşağının bütün renkleriyle yaşamıştı sevgiyi Havra; kırmızı, turuncu, sarı, yeşil, mâvi, mor ve lâcivert. Lâcivert sonra birden siyaha dönüşmüş, kalbinden taşarak vahşi bir sarmaşık haline gelmişti tüm varlığını kaplayan. Zamanla yavaş yavaş bağlardan azad olmuş, tükenmez öz meydana çıkmıştı tüm parlaklığıyla. Ömer'i dâima sevmişti o, hiç aralıksız. İki çok girift kavramdı aşk ve nefret. Sevgiyi yaşamak güzel ve heyecan vericiydi, fakat nefret duygusu çok zordu, derin ızdırap dehlizlerine hapsediyordu insanı.

Meltem, onun dostuydu, arkadaşıydı, çok sıkıldığı zaman yalnızlığının yegâne ortağıydı, sırlarının sadık dinleyicisi idi; öyle olmasına rağmen ona söylememişti Ömer'i sevmeye devam ettiğini, nefretinin bir kara yaldızdan ibaret olduğunu. Havra'ya sevginin târifini yap, deseler yapamazdı... Sevgiyi anlat deseler anlatamazdı... Niçin sevdin deseler, bir cevap veremezdi, severken neler hissettin deseler birşey söyleyemez, sessiz kalırdı... Şeyda bülbül gibi.

— Herşey geçti gitti çok şükür, tam bir müjde bayramı yaşıyorum, ikinize de mutluluklar diliyorum, dedi Meltem.

— Biliyordum candan gönülden memnun olacağını, akraba çevremizden ilk önce sana haber verdim.

— Bu tercihin için de teşekkürler, şımarmaya başlıyorum.

— Babalarımızın arasında üfleye püfleye zor tutunmuş yüzeysel bir sevgi dahi Meltem.

Biz iki amca kızı da aynı huylarda değiliz, ama ben her zaman sevdim seni, o soylu sabrını, o kadere olan tevekkülünü.

— Ben de seni Havra, dedi Meltem kelimelerin ifâde edemeyeceği kadar bir içtenlikle... Esenlikle...

— Sevinçten ağlıyorsun değil mi?

— Evet!

— Ben de burada ağlıyorum. Gözyaşlarım yüzümden, inci taneleri gibi kucağıma düşüyor irili ufaklı.

— Sesin bazen çok uzaktaymışsın gibi geliyor, İstanbul'dan telefon ediyorsun değil mi?

— Hayır canım, Maldiv'den, üç gün oldu buraya geleli.

— Olamaz Havra!

Öylesine garip bir sesle haykırmıştı ki Meltem, Havra müterddid bir sesle sordu:

— Ağlamaya mı devam ediyorsun, gülüyor musun?

— Bu kez yalnız gülüyorum; ben seni İstanbul'dan dinliyorum zannediyordum.

— Nisanın ilk günlerinde Ömer'i aradığımda Yâsin ağabey, bana onun Bahadır Hoca ile Maldiv adalarına gittiğini söylemişti. Maldiv'de iken konuştum onunla. İki gün sonra İstanbul'daydılar. Bir haftada evimizi hazırladık, sonra gündüz resmi gece de dînî nikâhımız kıyıldı. Birinci kuşak âile ferdlerimiz bulundu nikâhımızda, hiç kimseye haber vermedik.

— Amcam iyiki de gelmiş nikâha.

— Ah! Meltemciğim gelmemesi daha hayırlıydı, herkesin üzerinde terör havası estirdi; ben ve bir de Ömer kaldık etkilenmeyen ve ondan korkmayan. Bahadır Hoca'yı görecektin, gözlerini bir türlü ayıramadı babamdan, onun uygunsuz bir davranışta bulunmasından çok çekindi. Gerçek bir tiyatro yaşadılar; kayıvalidem, kayınpederim ve kayınlarım.

Ülkeler arası konuştuklarından Havra düğünü kısaca anlattı. Dört tiyatrocu Bahadır Hoca'nın mütevâzi misafir odasındaki yer minderlerine oturmayı becerememiş, gidecekleri ana kadar kıpırdanmışlardı sağa sola, öne arkaya, tamamen ayağa kalkıp yere çöktükleri de olmuştu birkaç defa. Ömer'in babası hiç bakmamıştı babasının tarafına. Nikâh başka bir odada kıyılmış, nikâhtan sonra tabaklar içinde kek ve birer bardak vişne suyu ikram edilmişti. Öne doğru iyice fırlamış göbeği ile Meloş illa da ikram dağıtılmasında yardımcı olmak istemiş, bundan dolayı da kocasından azar işitmişti. Eniştesi:

— Hanım, anlamıyor musun hayatın ve çocuk tehlikede diye bağırmıştı kendine hâkim olamayarak.

Elini öperken annesinin gözleri yaşlarla dolmuş:

— Yüreğinin sesini dinledin kızım, çok mutlu olursun inşaallah demişti.

Tiyatrocu arkadaşları arasında, Ömer'in kendisini güç durumda bıraktığına inanan kayınvalidesi, belli etmemeğe çaba sarfettiği bir kızgınlık içinde izlemişti düğünü. Havra'yı ise çok kınamıştı, bir zamanlar ona nişanını attıran sebepleri, şimdiyse sevinerek kabullendiğinden. Yine de tiyatrocu tarafı ağır basmış, iki yanağından öperek tebrik etmişti gelinini. Havra biraz durdu:

— Sevinçli olduğundan da öpmüş olabilir beni dedi, duyduğumuza göre Bizet'in Carmen'ini oynaması için teklif almış. En büyük idealiymiş Carmen'i oynamak. Kırkbeş yaşında bir balerin Carmen'i nasıl oynar o da ayrı bir şey.

— Havracığım, dedi Meltem, telefon hesabı çok kabarmıştır, kapatalım, yarın da ben sana telefon edeyim,

— Yarın ayrılıyoruz burdan.

— Üç gün için mi katettiniz onca yolu çok hoşsunuz ikinizde.

— Meloş'un doğumu yirmi gün sonraydı, sancısı tutmuş, annem telefon etti, hemen dönmemizi istedi İstanbul'a. Ömer Male'ye gitti, uçak biletini erken târihe aldırmaya çalışacak.

— İkinci haberin bu muydu şer gibi görünüyor dediğin.

— Evet!

Bezgin, keskin, konuşmayı noktalayan bir evet çıkmıştı Havra'nın ağzından.

Ömer giderken, "gemi bulamazsam, mecbur kalırım akşam üzeri geri dönmeye merak etme" demişti. Sabah saat sekizde gittiği halde geri gelmemişti. Bugün gidemeyeceklerini tahmin ediyordu Havra. Meltem ile konuşurken avunmuştu, Meloş'tan bahsedince kalbindeki evham devleşiverdi.

Meltem, onun konuşmak, artık tek bir kelime olsun söylemek istemediğini anladı.

— Üzülmemeğe çalış, dedi. Birkaç gün sonra biz de İstanbul'a geliyoruz inşaallah. Orada görüşürüz. Selâm.

İstanbul'da kasvet demekti kış; gökyüzü günlerce o tatlı mâviliğini göstermez, yoğun griliği ile küs dururdu yedi tepeye. Zorlu bir soğuk getirirdi; bacalar temizlenir, odunlar taşınır, baktıkça insanın içini karartan kömür kamyonları girer çıkardı yoksulluk kokan sokaklara. İlkbahar, bitki şenliğini her sene tekrarlamazdı bu imparatorluk kentinde. Transit geçerdi bazen, çiçek ve koku şölenleri tertiplemeden.

Yaz, tembelliği de getirirdi sıcaklarla beraber. Bankların üzerine uzanmış, güneşin rehavetinden uyuyup kalmış insanlarla dolardı parklar.

Ama sonbahar başkaydı...

Sonbahar bu târihi şehrin en uzun mevsimiydi; erken gelir, geç giderdi. Bir eşkiya gibi bahçelere süzülür tek bir yaz meyvesi bırakmazdı ağaçlarda. Hangi kalp hüzünlenmezdi, binbir acı çekerek yerinden hasretle ayrılıp toprağın karanlık bağrına düşen yapraklara bakarak. Kaderin ölüm realitesi karşısında kim titremezdi Eylül ayında... Bu mevsimde bahçelere serilmiş, kaldırım kenarlarında üst üste yığılmış yaprak cesetleri insanı nasıl da sürüklerdi melâle?

Ziya Osman Saba gibi, Ekim:

"Nedendi ağladığım, neydi güldüğüm?

Ah nasıldı yaşamak?" dedirtiyordu kırık gönüllere.

Başı önünde eğik olarak, Kasım, insana bir suçlu gibi selâm söylettiriyordu âhirete! Ölüm sonatı söylüyordu rüzgâr, gül yapraklarını dallarından ayırırken. Bülbülün ötüşü bir haykırıştı artık...

Çürümüş yapraklara bastıkça hışırtılı bir musîki geliyordu toprağın serin ve ıslak dudaklarından.

Dereler, kayalar üzerinden geçerek ölüme inad, şiirler okuyordu yaşama karşı, destanlar düzüyordu deli bir akışla.

Meltem'in ruhunun derinliklerinde açmış küçük sevinç çiçekleri hayatı nefesliyordu sessizce tüm üzüntüsüne rağmen.

Hayat ve ölüm; insan ömrü bu iki kelimecikten ibâretti işte. Altı ay olmuştu Meloş öleli; ondan sadece hatıralar kalmıştı. Hayatını ve ölümünü, bir anda toplayarak, çekmiş gitmişti dünyadan.

İçi titreyerek baktı Meltem, amca kızının sararmış yüzüne, ablasının ölümü perişan etmişti onu.

Yanyana, ellerini kucaklarında yumru yaparak oturmuş olan Gökhan ve Oğuzhan'a gözlerini dikmiş, onları süzüyordu hayretle.

— Çocukluktan çıkmışlar maşallah, dedi, ablamın ölümünden beri görmemiştim onları.

— Alpay ile Belçika'ya giderken arkamızda ağlayan iki çocuk bırakmıştık, dönüşümüzde cam kapının gerisinde onları iki delikanlı olarak gördük, annemin az önünde durmuş el sallıyorlardı bize sevinçle. Gökhan ile Oğuzhan bizi de şaşırttılar.

Havra'nın kucağına yerleştirdiği kıvırcık kumral saçlı, elâ gözleri pırıl pırıl, yanakları pembecik, minicik dudaklarında gülücükler uçuşan bebeğin tombul küçük elini, Meltem avuçlarının arasına aldı şefkatle, sonra eğildi öptü, kokladı:

— Beni Ranûnâ da şaşırttı, o da büyümüş, misk gibi kokuyor, dedi teyzesi onu her gün mü yıkıyor nedir?

— Gün aşırı yıkamanın yeterli olduğunu söyledi doktoru, ben de onun dediğini uyguluyorum.

Ranûnâ'nın bana Havra anne demesine karar verdik, eniştem de sevindi buna Meltem.

— İyi etmişsiniz.

Havra eğildi başını Ranûnâ'nın alnına dayadı:

— Beni ablamın ölümünden çok daha fazla yavrusunun yüzünü bir kerecik dahi göremeden ölmesi yaraladı Meltem, dedi.

Meltem bir daha öptü bebeğin elini:

— Çok şükür ki dedi, Ranûnâ'nın Havra gibi bir annesi

var, Meloş'un ruhu bundan haberdar olacak, gittiği âlemde rahat bekleyecektir kıyameti.

— Hiç zannetmiyorum!

— Neyi?

— Meloş'un gittiği yerde rahat edeceğini.

Bir süre, diyecek bir söz bulamadan sükût etti Meltem. Hatırladığı zamanlar çok endişelenirdi o da Meloş adına.

Ömer, biletin târihini öne aldıramamış, karı-koca, Havra'nın Meltem ile konuşmasından iki gün sonra ayrılabilmişlerdi Maldiv'den.

İstanbul havaalanına indiklerinde onları oradan almaya gelen Yâsin'den öğrenmişlerdi haberi, Meloş doktorların tüm gayretlerine rağmen kurtarılamamış ölmüştü, bir önceki gün onu Sıra Selviler mezarlığına gömmüşlerdi, ama çocuğu hayattaydı ve çok sağlıklı bir yavruydu.

Âcil olarak çağrılmalarından, doğumda çok önemli olayların cereyan ettiğini anlamışlardı, Havra ve Ömer. Fakat Meloş'un onların, Maldiv'e hareketlerinden üç gün sonra âni ve şiddetli bir sancı ile hastahaneye kaldırılıp beş altı saat içinde hayatını yitirdiği insanın aklından geçebilecek bir şey değildi öyle kolay kolay. Eve gelipte annesini ağlamaktan kendini kaybetmiş bir vaziyette yatakta yatıyor, Meloş'un yavrusunu da karyolasında uyurken görünce hafif bir fenalık geçirmişti Havra.

Meltem bütün bunları, Brüksel'de iken Havra'dan öğrenmişti telefon ile. Onlar da plânladıkları gibi hemen dönememişler daha bir müddet kalmışlardı Belçika'da. Dün gece saat birde, bir daha geri dönmemek üzere gelmişlerdi İstanbul'a.

Gökhan ile Oğuzhan'ı beraberine alarak Meltem hiç vakit kaybetmeden amca kızına taziyeye gelmişti.

"Allah rahmet etsin, mekânı Cennet olsun" gibi tâziye için gereken cümleleri sık sık tekrarlamıştı Meltem ama her söyleyişinde de bu cümleyi tahlile yeltenmişti aklı. İşte yine dalmış gitmişti.

Amca kızının ölümcül sessizliği, Havra'nın yüreğini dağlamış, gönül yarası kanamaya başlamıştı.

— Hal bakımından, âhirette insanların en mes'udu en fazla Allah'ı sevendir; desen ya bana Meltem, dedi, hüzünle.

Kul, Allah'ın sevgisini ise ancak dünyada kazanır.

İnsanı Allah'a itaatten alıkoyan ancak gizli bir küfür veya açık bir ahmaklıktır.

Gizli küfür, Allah'ın hesab gününe olan inancın zayıflığıdır, açık ahmaklıkta, kişinin Allah'ın kerem ve afvına güvenmesidir, çiftçinin tarlasına tohum ekmeden mahsulat beklemesine benzer bu! Elhamdülillah, biz bunu anladık Meltem! Ama Meloş hiç anlamadan gitti öbür dünyaya.

Kat'iyyen, tek kelimesini söylerken dahi bağırmıyordu, ağlamıyordu, fakat gerçekleri müthiş bir acı ile anlatıyordu Havra.

Gözleri buğulanmıştı Meltem'in genç kadını dinlerken. Sanki tek kalp olmuşlardı ikisi. Yalnız ikisi de değil Ömer ile de Alpay ile de, dünyadaki bütün müslümanlar ile de tek kalptiler. O kalpte atıyordu kâinatın nabzı ahenkle. Her hücresinde sevinç titreşti Meltem'in:

— Bilâl-i Habeşî Hazretleri vefat edeceği zaman kendisi hakkında

— "Vay üzüntüsüne" diyen hanımına:

— Hayır! Belki vay onun sevincine! Yarın dostlarla, Hz. Muhammed'e ve dostlarına mulâki olacağız, demiş Havra. İnşaallah bizler onların izinde oluruz son nefesimize kadar.

— İnşaallah Meltem.

Bebek ağlamaya başlamıştı. Havra kucağına yatırdı onu, yavaşça yavrunun sırtında elini gezdirdi sonra:

— İlk ve son yaşama hakkımız dünyadaki hayatımız, derdi Meloş.

Çocuk doğurmaya karar verdikten sonra karı-kocanın arası iyi olmuştu. Bunu sık sık beraberce gece kulüplerine giderek kutlamışlardı.

Telefon konuşmalarında anlatmadığım birşey var sana Meltem. İnsanın inanamayacağı derecede garip bir şey. Öleceği gün Meloş saat 10.^{00}'da kuaförü Orhan'a gitmiş, manikür, pedikür yaptırmış, saçlarını boyatmış, makyajını tazeletmiş, ücretini öderken sancı tutmuş, enişteme telefon etmiş, oradan gitmişler hastahaneye.

— İnsanlar yaşadıkları gibi ölecekler, öldükleri gibi dirilecekler, dedi Meltem sağanak gibi yaşlar inerken gözlerinden.

Genç kadın Meloş için ağlıyordu, kendisi için ağlıyordu, aldanan bütün insanlık için ağlıyordu.

— Hala, dedi Gökhan, ağlama ne olur! Yuvasından düşmüş bir kuş yavrusunun yakarışı ile.

Meltem gözyaşı ile birbirine yapışmış kirpiklerinin arasından yeşil yeşil baktı, Gökhan'ın tertemiz saf gözlerine bahar döşedi merhametle.

— Senin için çok geç olmayacak hiçbir şey, senin için ağlamayacağım inşaallah yavrum, dedi.

Oturma odasında telefon çalmaya başlamıştı, sert mâdeni sesi duvarlara çarpıyor, orada darma dağın oluyordu yenilgiye uğrayarak.

— Meltem, dedi Havra Ranûnâ'yı tutar mısın telefona bakayım, ben.

— Bu güzel bebeği kim almaz kucağına, dedi Meltem kollarını uzatırken.

Halaları, bebeği kucağına alınca Gökhan'ın ve Oğuzhan'ın çekingenlikleri gitmiş, yerlerinden kalkıp bebeğin yanına gelmişlerdi sevinerek. Parmaklarının uçları ile Ranûnâ'ya dokunuyor, bazı hareketler yaparak güldürmeye çalışıyorlardı onu.

Havra ile Ömer'in evlerini ilk defâ görüyordu genç kadın, bakışlarını salonda dolaştırdı, çok sâde döşenmişti, gözü okşayan renkler farahlık veriyordu insana.

İki üç dakika içinde Havra geri dönmüştü, az önceki kederli yüzüne bir sevinç konmuş, solgun yanakları pembeleşmiş, gözleri ışıldamış.

— Yengem mi idi? dedi Meltem. Ana-kız çok iyi geçinemeseler de, çok severlerdi birbirlerini.

— Hayır, Ömer'di, diye cevap verdi Havra, bir genç kız gibi kızararak, tahlillerimin sonucunu bildirdi, hamileymişim.

— Havra, diye su gibi çağıldadı Meltem, Ranûnâ'yı kucağımdan al lütfen yoksa sevincimden düşüreceğim. Allah'ım ne güzel bir haber! Hayırlı evlât olur inşaallah.

— İnşaallah. Çocuğumuz erkek olursa, Ömer adını "İsmâil" koyacakmış, dedi Havra mutlulukdan titreyen bir sesle.

Meltem'in bakışları birden balkon kapısının camından görünen çam ağacına kaydı hırsızlama olarak. İki serçe ince bir dala konmuş muhabbet ediyorlardı aralarında cik, cik, cik cik...

Meltem'in gözleri onlarda kaldı. Ama bakışları onları aşarak ötelere çok ötelere gitti. Eşsiz bir mücevher kutusunu açar gibi araladı dudaklarını. Sanki içinden yakutlar, zümrütler, pırlantalar bir benzeri olmayan inci taneleri çıkacak.

— Ben de beş aylık hamileyim Havra, dedi, az önceki sevinç ses tonuyla.

Çocuğumuzun cinsiyeti tesbit edildi, erkekmiş. Allah nasib eder de doğarsa İsmâil Sokağı'nın anısına, yavrumuzun adını biz de İsmâil koyacağız.

— İşte böyle...

Mutluluk ve mutsuzluk arasında bir yolu izleyerek sürüp gidecekti hayatlar kıyamet denilen büyük güne kadar...